现代防守叫牌与防守信号

防守信号

◆ 桥牌中级教程 ◆

张蕾　王玉富　刘毅　吴绪东　编著

成都时代出版社
CHENGDU TIMES PRESS

图书在版编目（CIP）数据

现代防守叫牌与防守信号：桥牌中级教程 / 张蕾等编著 . —— 成都：成都时代出版社，2024.8. —— ISBN 978-7-5464-3474-2

Ⅰ . G892

中国国家版本馆 CIP 数据核字第 2024X9P526 号

现代防守叫牌与防守信号：桥牌中级教程
XIANDAI FANGSHOU JIAOPAI YU FANGSHOU XINHAO: QIAOPAI ZHONGJI JIAOCHENG

张 蕾 王玉富 刘 毅 吴绪东 编著

出 品 人 达 海
责任编辑 刘 瑞
责任校对 周小彦
责任印制 黄 鑫 曾译乐
装帧设计 成都九天众和

出版发行 成都时代出版社
电 话 （028）86785923（蜀蓉棋艺工作室）
　　　　 （028）86763285（市场营销部）
印 刷 四川华龙印务有限公司
规 格 145mm×210mm
印 张 5.25
字 数 144 千
版 次 2024 年 8 月第 1 版
印 次 2024 年 8 月第 1 次印刷
书 号 ISBN 978-7-5464-3474-2
定 价 32.00 元

前　　言

　　打桥牌的朋友都有这样的体会：叫牌过程中如果对方没有干扰，两人根据自己的体系按部就班地进行叫牌，一般都能叫到比较准确的定约；而一旦有对方插入叫牌，体系的"叫牌树"就可能被打乱，叫品的准确性就会大打折扣。同样，在对方开叫后，我方适时地插入叫牌，既有可能打乱对方的正常叫牌进程，也可以为我方以后的防守打牌提供有价值的信息，更不排除通过竞叫我方最后争得定约。

　　我们都知道，防守比做庄的难度大得多。这不奇怪，因为庄家能够支配他们明暗两手的26张牌，如果定约存在某种风险，他会最先发现并制订出规避这个风险的做庄方案。防守方则没有这种便利，防守人只能根据自己所持的牌和明手的牌，在打牌过程中通过所打牌张点数的大小或先后次序与同伴合规地交换信息，这便是桥牌中的防守信号。配合默契的搭档，经常能在同伴最需要的时候打出准确的信号，"告诉"同伴手中剩余牌张的情况或对后续打法给出"建议"，从而使同伴推断出剩余牌张在两暗手的分布情况，找到制胜的防守路线。这是防守比做庄有利的一面，也是防守打牌的乐趣所在。

　　桥牌不允许密约，防守叫牌和防守信号所传达的信息是公开的，在被同伴利用的同时也会被对方利用。不当的争叫泄露的信息可能会帮助对方叫到一个正常情况下叫不到的定约；不必要的信号也可能会将牌张分布的信息泄露给定约人，使其打成正常情况下难以完成的定约。因此，什么情况下参与争叫，什么情况下打什么样的信号，需要与搭档长期磨合，做到能根据同伴的需要打信号而不是滥打信号。甚至为了击败定约，防守人可以打出"假信号"来诱骗庄家，即使同伴被骗也在所不惜。

根据教学需要，我们在《现代桥牌防守信号》（王玉富编著，蜀蓉棋艺出版社，1997年）的基础上，结合现代防守叫牌的最新理论和方法，并参考了美国桥牌专家迈克·劳伦斯的《防御叫牌百科》《二盖一实用竞叫系统》《桥牌平衡叫大全》以及马歇尔·迈尔斯的《21世纪竞叫》等著作编写成本书。初稿在郑州大学、洛阳理工学院、郑州财经学院等高等院校以及愚夫桥牌学堂作为桥牌提高班教材试用，取得良好效果。2024年4月经郑州大学教材建设委员会评审，被列入该校通识课程教材建设项目。

本书语言通俗易懂，牌例丰富，适合作为桥牌提高班教材使用，也适合具有一定水平的牌友阅读。为便于打新睿桥牌的牌友使用和对照学习，书末附有《新睿桥牌机器人的信号规则》，以供参考。

编　者

2024年5月

目　录

♣ 附录 新睿桥牌机器人的信号规则

第 1 章
输墩计算与总墩数定律

几乎所有的叫牌体系，都以大牌点的多少和花色的张数作为开叫的依据。多少点、什么样的牌型可以开叫什么；不够多少点，张数达不到多少就不能开叫等，规定得一清二楚。在无干扰的叫牌过程中，应叫方也是根据大牌点的多少和牌型来决定应叫叫品的。

但是，对方开叫后，我方要加入叫牌，进行**争叫**，就不能单纯以大牌点数和张数作为依据了，大牌点在各门花色中的分布情况、对方所叫花色的长度等都是非常重要的因素；赢墩数或输墩数的多少，更是决定竞叫阶数的主要参考。

我们这里所说的"输墩"，不是已经输掉的牌墩或一定要输的牌墩，而是按克林格（R·Klinger）在《现代输墩计算》中定义的，统计意义上可能要输的牌墩，称为**克林格输墩**，本书中简称**输墩**。

1.1　现代输墩计算

克林格输墩的具体计算方法为：

一手牌中每一门花色只在最大的 3 张牌中计算输墩。当一门花色有 3 张以上的牌时，该花色最大的 3 张中，除顶张大牌（A、K 及 Q）外都算作输墩；双张花色，除 A、K 外均算作输墩；单张花色，只要不是 A，均算作输墩；一门花色中最多不超过 3 个输墩。

一门花色中的输墩数绝不大于这门花色中的牌张数。

一手牌最多 12 个输墩（而不是 13 个）。

这样定义的"输墩"与常规意义下的"赢墩"（赢张）不是同一计算标准，它们之间也没有简单的互补关系。

例 1-1

♠ 9 8 5 3 2	3 输墩
♥ K Q 9 6	1 输墩
♦ 6	1 输墩
♣ A K 8	1 输墩
	合计 6 输墩

例 1-2

♠ A J 4	2 输墩
♥ 10 7 5 2	3 输墩
♦ K Q J 4	1 输墩
♣ Q 9	2 输墩
	合计 8 输墩

例 1-3

♠ A K J	1 输墩
♥ A K 9 8 4 2	1 输墩
♦ J 7	2 输墩
♣ A J	1 输墩
	合计 5 输墩

例 1-4

♠ 9 6 3 2	3 输墩
♥ Q 6 5	2 输墩
♦ K Q 6	1 输墩
♣ 9 8 4	3 输墩
	合计 9 输墩

牌例 1-1 虽然只有 12 点，但由于牌型较好，只有 6 输墩；而牌例 1-2 虽然有 13 点，由于牌型平均，其输墩数没有减少反而增加了 2 个。

输墩计算主要用于有将定约。在有将定约中，如果有将牌配合（5-3 或 4-4 以上），联手牌中的输墩可以互相弥补。

由于一手牌最多 12 个输墩，联手最多 24 个输墩，这样便有如下简单的计算公式：

联手可望取得的赢墩数＝ 24 －两手输墩数之和

根据两手牌的配合情况、将牌的质量，输墩数还应该进行适当调整。通常情况下，联手如果只有 8 张将牌配合，输墩数可能会增加一个；如果在同伴的长套中有 Q× 或单张 K，输墩数可能减少一个。另外，如果一手牌中 A 的数量多于 Q 的数量，输墩数可以减少一个；反之，如果 Q 的数量多于 A 的数量，输墩数会增加一个。

例如，牌例 1-1 与 1-2 联合，以 ♠ 为将牌，虽然表面上两手牌的"输墩数之和"为 14，但由于将牌仅 5-3 配合，总输墩数将增加 1 个，即一般情况下，难以完成 4♠ 定约；牌例 1-3 与 1-4 联合，合计也为 14 输墩，但由于以 ♥ 为将牌为 6-3 配合，取得 10 墩牌完成 4♥ 定约是比较容易的。

输墩计算方法是由概率理论计算和实践检验得出的。在正常分布下一般都不会有多大出入（误差在 1 墩范围内）。但是，正像克林格在《现代输墩计算》中指出的那样，"不可指望你的保险公司同意对你根据输墩计算所估计的潜力而叫成的定约进行保险"，遇到恶劣的分布或极其有利的分布时，可能会有 2 墩或以上的出入。

1.2 总墩数定律及其应用

桥牌中的**总墩数定律**是法国桥牌专家韦尔纳 20 世纪 60 年代发现的，20 多年之后，被美国桥牌专家伯根及其搭档科恩发扬光大。

总墩数定律有多种不同的表述，但其核心意思是：

任何一副牌，双方以各自配合最好的花色为将牌，期望所得

到的总墩数之和，与双方的将牌数之和大致相等。

为了说明总墩数定律，请看下面的牌例：

例 1–5

北家发牌，双方无局

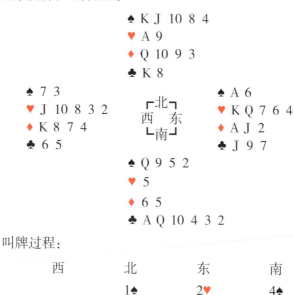

叫牌过程：

西	北	东	南
	1♠	2♥	4♠
5♥	×	/	/
//			

这副牌南北方为 9 张 ♠ 配合，东西方为 10 张 ♥ 配合，双方的"将牌数之和"为 19。按照总墩数定律，这副牌的"总墩数"也为 19 左右：南北方以 ♠ 为将牌可以取得 10 墩（完成 4♠ 定约）、东西方以 ♥ 为将牌大约可以取得 9 墩（5♥–2）。

西家判断南北方的 4♠ 定约能够完成，故做出 5♥ 牺牲叫，被加倍宕 2 墩，–300 分。这比南北方完成 4♠ 定约来说，相当于赚了 120 分。

总墩数定律是一个统计结果，不能保证其绝对准确。我们利用北京新睿桥科技有限公司提供的数万副牌例进行了统计分析，用双方最长的花色之和，减去理论上双方各自以最长的花色为将牌时四明手情况下能够取得的墩数之和作为统计量，得出如下结论：约40%的牌例没有偏差；约90%的牌例，偏差在1墩以内（包含无偏差）；偏差在2墩之外的比例不到2%；偏差在3墩之外的比例不到千分之一，基本上可以忽略（详见愚夫桥牌学堂公众号文章《总墩数定律的验证与解读》）。其统计结果非常接近正态分布。

总墩数定律换个说法：

对于双方各20大牌点左右的"平牌"，双方分别以自己一方最长花色为将牌，都可能取得与自己一方将牌张数相等的墩数。

总墩数定律结合"二三法则"，得出如下重要的应用结论：**有花色配合的牌，通常可以叫到与联手将牌相等的阶数（不管牌点多少）**。也就是说：即使牌点低于20点，只要有8张以上配合，就应该叫到二阶；有9张以上配合，就可以叫到三阶；有10张以上配合，通常应该叫到四阶！

考虑到局况的影响，在有局对无局准备进行"牺牲叫"时，可以把叫牌的阶数下调一阶；在无局对有局时可以调高一阶。

例如，某一副牌中，假如从叫牌知道南北 ♥ 为8张的5-3配合，东西 ♠ 为9张的5-4配合，这副牌的"将牌之和"是9+8=17，其"总墩数"也大约是17。根据双方牌点的不同，大致有如下几种结果：

①如果南北以 ♥ 为将牌能够得10墩（完成4♥），则东西以 ♠ 为将牌可望得7墩。这时东西方的大牌点肯定低于对方，叫到3♠很可能被加倍-2，但阻住对方的4♥定约，不被加倍就大赚，被加倍也不亏。

②如果南北以 ♥ 为将牌能得9墩（完成3♥），则东西以 ♠ 为将牌可望取得8墩。东西方的牌点可能略低于对方，叫到3♠一般不会被加倍。宕一，-50或-100，都比对方打成3♥好。

③如果南北以 ♥ 为将牌能得8墩（完成2♥），则东西以 ♠ 为将牌可望得9墩。这时双方牌点基本持平，3♠稳打。牌型若好些，4♠有望。

④如果南北以 ♥ 为将牌只能取得 7 墩（完成 1♥），则东西以 ♠ 为将牌可望取得 10 墩。有 9 张配合，比平牌多一个 K 以上的实力（23 点以上），完成四阶高花定约一般没问题。

本章介绍的现代输墩计算和总墩数定律，是现代叫牌法的重要理论基础，不仅对叫牌体系的设计具有重要的理论价值，对竞叫也具有重要的指导作用。

目前常见的叫牌体系，通常情况下一阶花色开叫或一阶花色争叫输墩数不应多于 8 个，9 输墩以上的牌不适合开叫或争叫。二阶争叫，输墩数一般不多于 7 个。

用输墩数和总墩数定律来指导防守叫牌，有时比大牌点数更为准确。

第 2 章

争叫

对方开叫后我方的叫牌称为**防守叫牌**，包括**争叫**与**应争叫**。防守叫牌的主要目的有两个：首先，为以后的防守打牌奠定好的基础，即告诉同伴我方的主要赢墩在哪里，指示同伴有目标地攻牌；其次，当我方的牌型及牌力合适时，可能抢到定约（有时是为了合理的牺牲），或把对方的定约抬到他们不能完成的阶数。

一般来说，防守叫牌与本方的叫牌体系关系不大而与对方的体系有关。我们主要针对普通的自然体系或精确体系，来讨论防守叫牌。

你可能经常遇到这样的问题——持一手具有开叫实力的牌，结果上家先开叫了，要参与叫牌，就必须在花色级别或阶数上超过对方的叫品，有时不得不在二阶甚至三阶开始争叫。

2.1　直接位置一阶花色争叫

争叫一定要具有开叫实力吗？具有开叫实力的牌一定要争叫吗？我们先来看下面三手牌：

例 2-1

　　♠ K J 8 4

　　♥ Q J

　　♦ K J 8 5 2

　　♣ Q 9

例 2-2

♠ A K J 10 2

♥ 9 6 3

♦ Q 10 2

♣ 4 3

例 2-3

♠ A K Q 3

♥ 9 5 3 2

♦ J 10 9 4

♣ 4

牌例 2-1 有 13 个大牌点和 5-4 两套，无论自然体系还是精确体系，都可以开叫 1♦；而牌例 2-2 和 2-3 都只有 10 点，不够进行一阶开叫。

如果上家开叫 1♥ 后，你分别拿上面的牌，应该怎么办？

初学者拿牌例 2-1 会不假思索地争叫 2♦，而拿牌例 2-2 和 2-3 则不敢争叫。其"理由"是：牌例 2-1 有 13 个大牌点和 5-4 两套，具有开叫的实力；而牌例 2-2 和 2-3 都只有 10 点，不够开叫实力。特别是牌例 2-3，没有 5 张套，而且在对方所叫花色 ♥ 上又有"很多输张"。这是初学者对牌力认识的一个误区。事实上，在上家开叫 1♥ 后，对争叫而言，牌例 2-2 和 2-3 比 2-1 要好得多。

牌例 2-1 虽然有 13 点之多，却有 8 个输墩，是一阶花色开叫的下限。这牌的大牌点太分散，特别是双张 ♥Q J，在对方开叫1♥ 后几乎没有任何价值。这牌几乎看不到几个确切的赢墩，无论局况如何，都不宜以这样的牌争叫 2♦；而 4 张 ♠ 花色又太弱，更不能以这样的弱 4 张套进行争叫。

牌例 2-2 虽然只有 10 点，也是 8 输墩，却有 4 个切切实实的做牌赢墩，可以争叫 1♠；即便最后争不到定约，起码告诉了同伴我们的主要防守赢墩在哪里。所以，从争叫的角度来看，牌例 2-2 比牌例 2-1 的价值要高。

牌例 2-3 虽然也只有 10 点，而且只有 4 张 ♠，却只有 7 个输墩。我们极力赞成此牌在对方开叫 1♥（或 1♦）后争叫 1♠！但在上家开叫自然的 1♣ 后则不建议争叫。

在对方开叫花色中的 4 张小牌，对争叫来说不仅不是负担，而且是"有价值的资产"。根据美国桥牌专家迈克·劳伦斯的理论，你持有上家所叫花色套越长，同伴持有的该花色可能就越短，从而在其他花色上与你配合的可能性就越大。特别是当对方开叫的花色被其同伴加叫以后，你同伴持有的该花色就是单缺无疑。

相反，你持对方开叫的花色越短，同伴持有的该花色就可能越长，而与你在其他花色上配合的可能性就越小。因此，如果对方所叫花色，你为单张或双张，不宜争叫 4 张套！因为你若成为庄家时，对方极大可能的防守路线是首攻他们所叫的花色，并连续打该花色强迫你将吃，从而缩短你本来就不长的将牌。

另一方面，牌例 2-3 虽然只有 10 点，比牌例 2-1 "少 3 点"，但是，少了 ♥Q J 这 3 个废点，在双方牌点总数不变的情况下，可以期望同伴手中多几个其他有用的大牌点。

持对方所叫花色 Q J、Q× 双张和单张 K、Q，对争叫极为不利，从争叫的安全性来说，还不如没有这几个"大牌点"好。

另外，还要注意争叫的阶数，一般来说，凡是符合一阶开叫条件的牌，大多都能在无局时做一阶争叫，如牌 2-1，在上家开叫 1♣ 后可以争叫 1♦，但在上家开叫 1♥ 后不能在二阶争叫。

而有些不能一阶开叫的牌，只要有一个好套，也可以在一阶争叫，例如上述牌例 2-2、2-3 等。

低于 12 点在一阶争叫一个 5 张好花色或 4 张强花色，是我们"防守叫牌"的一个重要目的——告诉同伴你的防守赢墩主要在哪里。

我们继续举例说明如下：

例 2-4

　　♠ K Q J 9
　　♥ 10 8 3
　　♦ 4
　　♣ K J 7 4 3

上家开叫 1♣ 或 1♥ 后可以争叫 1♠。从做庄的角度看这手牌有 5~6墩的价值。如果上家开叫 1♦，这牌争叫 1♠ 不理想，因为对方开叫的花色很短，同伴配合 1♠ 的可能性降低。另外，这手牌在上家开叫 1♦ 或 1♥ 后也不宜争叫 2♣。

例 2-5

    ♠ Q 10 5 3

    ♥ Q 8

    ♦ 4 3 2

    ♣ A K 10 8

上家开叫 1♥ 后 Pass！你并不希望同伴首攻 ♠。不能以低限牌力和一个破烂的 4 张套争叫。

例 2-6

    ♠ A K J 10

    ♥ 4 3 2

    ♦ 4 3 2

    ♣ 4 3 2

这是一个极端牌例。无论局况如何，何种赛制，对方开叫自然 1♣/1♦/1♥ 或精确 1♣ 后都可以争叫 1♠！争叫 1♠ 不仅使下家不能简单地在一阶出套，更重要的是告诉同伴我们的防守赢墩所在。

总之，具有开叫一阶高花的实力通常可以（并非一定）进行一阶争叫，如果低于 12 点，争叫的花色必须很强。争叫的基本条件是赢墩数而不是大牌点。如果一门高花上有 3 张大牌，哪怕只有 4 张，且不足 10 个大牌点，只要对方开叫的花色不少于 3 张，就可以考虑在一阶争叫。一阶争叫一般不应多于 8 个输墩，不少于 4 个做牌赢墩。

一阶争叫的上限很难具体划定，有些 18 点左右的牌，也只能在一阶做简单争叫。但有一条原则是，简单争叫不逼叫。你的牌如果好到在一阶争叫不足以表示的程度（不超过 5 个输墩），就应该采取别的表达方式，如技术性加倍、扣叫等。

例 2-7

　　♠ K 4
　　♥ A J 9 8 3
　　♦ Q 9
　　♣ A Q 9 8

此牌在上家开叫自然 1♣ 后，可以争叫 1NT（比争叫 1♥ 好），在上家开叫 1♦ 后，只能争叫 1♥（不适合争叫 1NT）。

例 2-8

　　♠ K 4
　　♥ A Q J 10 8 3
　　♦ 9
　　♣ A K 4 3

此牌只有 4 个输墩，同伴的牌只要略有配合就可能完成 4♥。但是，在上家开叫自然 1♣ 或 1♦ 后，如果简单地争叫 1♥，就有可能其他三家都不叫而丢局，甚至丢掉满贯定约。

这样的牌，上家开叫自然 1♣/1♦ 或 1♠ 后，我们可以先叫"加倍"逼叫，然后再叫出 ♥ 套，继续逼叫一轮。这种"加倍出套"的叫法，我们在第 4 章再进一步讨论。

2.2　直接位置二阶以上花色争叫与阻击叫

　　4 张（强）套争叫仅限于一阶。二阶争叫必须是好的 5 张以上，并且更要强调赢墩数。无局时需要有 5 个以上赢墩（不超过 7 输墩），有局时进行二阶争叫，要有 6 个以上赢墩（不超过 6 输墩）。

例 2-9

　　♠ K 8 4
　　♥ Q J
　　♦ Q 9 4
　　♣ K J 9 5 2

貌似 12 个"大牌点",却有 8 个输墩,更没有几个确切的 "赢墩"。无论上家开叫 1♦/1♥/1♠ 还是 1NT,这牌都要 Pass。贸 然争叫 2♣ 不会有什么好处。上家开叫自然 1♣ 后更应该 Pass。

例 2-10

　　♠ A 8 4
　　♥ 4
　　♦ 10 9 4
　　♣ K Q J 9 5 2

虽然只有 10 点,但只有 7 个输墩,有切切实实的 6 个做牌赢 墩。无论任何局况、任何赛制,在上家开叫 1♦/1♥/1♠ 后都可以争 叫 2♣。

二阶争叫一般不应该超过 7 输墩,以 5 张套在二阶争叫,不 仅需要开叫实力,所争叫的套一定要好。如果有一个 6 张以上好 套,牌点可以略低(一般不少于 10 点)。

例 2-11

　　♠ K Q J 9 5 2
　　♥ 10 4
　　♦ 9 4
　　♣ A 8 4

上家开叫 1♣/1♦/1♥ 后,此牌争叫 1♠ 而不是 2♠。跳叫二阶花 色属于阻击叫。这手牌如果去掉 ♣A,就非常适合直接位置叫 2♠ 阻击了。

例 2-12

　　♠ K J 9 5 4 2
　　♥ Q 4
　　♦ 10 9
　　♣ Q J 8

这牌无论开叫还是对方一阶花色开叫后的争叫,都叫 2♠。但 是,对方二阶阻击开叫 2♦ 或 2♥ 后,这样的牌并不适合争叫 2♠! (详见 2.7.2)

例 2-13

♠ K Q 10 9 5 4 2

♥ Q 10

♦ 9

♣ Q 8 4

这是对方一阶花色开叫后争叫 3♠ 的理想的牌。一般来说，跳争叫要求比阻击开叫的套更好。

同样，这牌我们不建议在对方阻击叫后立即争叫。

2.3　争叫无将

2.3.1 争叫 1NT

在上家实开叫一阶花色后，直接位置的 1NT 争叫需要具备下述条件：大牌点为 16~18 点或差的 19 点，牌型平均，在对方所叫花色中有止张；如果有一个好的 5 张套，或在上家开叫的花色中有间张大牌，牌力可降低到 15 点。

例 2-14

♠ A Q 10 6

♥ A K J

♦ 10 8

♣ Q J 8 6

上家开叫 1♣/1♥/1♠ 后，都可以争叫 1NT。

争叫 1NT 后，如果开叫人的同伴不叫牌，可以当成对方没有开叫一样，完全按我们体系中强 1NT 后的约定来叫牌，比如斯台曼问叫、高花转移叫等。如果开叫人的同伴叫牌，争叫方用自然原则再叫，对 4♥ 及其以下定约加倍为否定性（负加倍），扣叫为逼局。

2.3.2 争叫 2NT

上家开叫一阶高花后立即争叫 2NT，表示持 5-5 以上两套低级花色。这是被牌手们普遍使用的**不寻常 2NT 争叫**（Unusual 2NT）。

争叫不寻常 2NT 的点力，一般需要 8 点以上，上限则有不同的约定。我们采用以下**非强即弱**的划分：

（1）通常为 8~11 点集中在 5-5 以上两门低花（无局或 6-5 以上低花时牌点可能低至 6 点），以后不再主动叫牌。

（2）12~15 点两套低花一般不争叫 2NT，而是先争叫 2♦，然后伺机再叫 3♣。

（3）16 点以上，5-5 以上两套低花的强牌，争叫不寻常 2NT，下轮扣叫单缺花色逼叫或直接叫低花到局。

例 2-15

    ♠ 10 6

    ♥ 6

    ♦ K J 10 8 6

    ♣ Q J 8 6 2

上家开叫 1♥/1♠ 后，这是无局的情况下争叫不寻常 2NT 的下限。

例 2-16

    ♠ 8 4

    ♥ 6

    ♦ A J 10 9 6

    ♣ K J 8 6 2

9 个大牌点分布在 5-5 两套低花，上家开叫 1♥/1♠ 后，无论局况如何，都可以争叫不寻常 2NT。

例 2-17

    ♠ K 10

    ♥ 6

    ♦ K J 10 8 6

    ♣ A Q J 8 2

14 个大牌点，不宜争叫不寻常 2NT，应先争叫 2♦，然后有机会再叫 3♣。

例 2-18

♠ A 10
♥ 6
♦ K Q J 8 6
♣ A K J 8 2

这样的两套强牌（16 点以上），也从 2NT 争叫开始，同伴选择低花后，可以扣叫 3♥（单缺）逼叫。

在下面的叫牌过程中东家最后的 2NT 也是不寻常 2NT 争叫：

①	南	西	北	东
	1♥	/	2♥	2NT

②	南	西	北	东
	/	/	1NT	2NT

③	南	西	北	东
	1♠	/	1NT	2NT

上面东家的 2NT 争叫都是表示 5-5 以上两套低级花色。

但是，在下面的叫牌过程中东家的 2NT 争叫不是不寻常 2NT：

④	南	西	北	东
			2♥	2NT

这里，东家持有开叫强 1NT 以上实力的牌，但北家抢先 2♥ 阻击开叫了，东家只能叫 2NT，表示具有开叫 1NT 到 2NT 的实力（通常 16~20 点）。

例 2-19

♠ 10 8
♥ K J 2
♦ A K J 3 2
♣ A J 3

在上家 2♥ 阻击开叫后可以争叫 2NT。

⑤　　　南　　　西　　　北　　　东

　　　1♥　　×　　？　　2NT

在西家的技术性加倍后，无论北家叫什么牌，东家的2NT都不是不寻常2NT，而是表示手中有11~12点，有♥止张，邀3NT。

2.3.3 争叫3NT

绝大多数情况下争叫3NT表示持有对方所叫花色的止张和一个能够快速提供大量赢墩的坚固低级花色套。

例2-20

　　♠ Q 8

　　♥ K 2

　　♦ A K Q 10 8 2

　　♣ A 9 8

在上家阻击开叫2♥/3♥或3♣后，这样的牌可以叫3NT。

2.3.4 争叫4NT

多数情况下争叫4NT表示持6-5以上两套低花，请同伴选择5阶低花。

例2-21

　　♠ 2

　　♥ 5

　　♦ A J 10 8 6

　　♣ K 8 6 5 3 2

上家开叫1♥/1♠后，这牌可以争叫4NT。

2.4　迈克尔斯扣叫

上家一阶开叫一门花色，你如果持有5-5以上另外两套花色，牌点主要集中在这两套中，这是典型的主打牌，一般不适合防守。

如果对方开叫的是高花，持两门低花时我们可以用上节介绍的不寻常 2NT 进行争叫。如果是两套高花或一高一低，我们就不能用不寻常 2NT，而用**迈克尔斯**（Michaels）扣叫参与争叫。

直接位置扣叫上家开叫的花色或者叫不寻常 2NT，表示手中有除开叫花色外特定的 5-5 以上两门花色。具体来说是：

（1）在对方开叫（自然的）一阶低花 1♣/1♦ 后，扣叫 2♣/2♦ 表示持有 5-5 以上两套高级花色。

（2）对方开叫 1♥ 后扣叫 2♥：表示持有 5 张 ♠ 和一门低花 5-5 以上两套。

（3）对方开叫 1♠ 后扣叫 2♠：表示持有 5 张 ♥ 和一门低花 5-5 以上两套。

（4）对方开叫一阶高花 1♥/1♠ 后争叫 2NT：这是不寻常 2NT，表示两门低花。

（5）对方开叫一阶低花 1♣/1♦ 后争叫 2NT：这也是不寻常 2NT 表示其他三门花色中较低的两门花色。

根据扣叫者不同的牌力，也可以将迈克尔斯扣叫区分为强迈克尔斯扣叫和弱迈克尔斯扣叫（非强即弱）。

强迈克尔斯扣叫：有效大牌点在 16 点以上。

弱迈克尔斯扣叫：有效大牌点不超过 11 点。在有局时要求两长套花色中的大牌点不少于 8 点，无局时牌点可能更低。

对于中等牌力的两套牌（12~15 点甚至有废点的 16~17 点大牌），我们不采用迈克尔斯扣叫，而是先争叫级别较高的花色，然后伺机再叫级别较低的花色。

例 2-22

  ♠ A K 8 3 2

  ♥ A K 8 6 5

  ♦ 5

  ♣ K 3

这么好的两门高花，当上家自然体系 1♣、1♦（或精确体系 1♦）开叫后，是做强迈克尔斯扣叫的理想牌，同伴略有实力并

配合一门高花就可以成局；如果有足够的控制，还可能完成满贯
定约。

例 2-23

> ♠ Q J 8 3 2
> ♥ 5
> ♦ 8 5
> ♣ K Q 8 6 3

虽然只有 8 点，在上家开叫 1♥ 后，无局的情况下也可以叫
2♥ 做迈克尔斯扣叫，表示持有 5 张 ♠ 和一个低花套。

例 2-24

> ♠ A Q 10 8 3
> ♥ K Q 8 6 5
> ♦ 8
> ♣ Q 2

先争叫 1♠，有机会再叫 ♥，表示是正常开叫实力的两套高花。
12~15 点 5-4 以上两门高花，一般都可以采取这种叫法。

2.5　对 1NT 开叫的直接争叫

上家开叫 1NT 后，这副牌由你首攻的可能性在 80% 以上，因
而没有必要再做"首攻指示"的叫牌了。同时，在你不争叫的情
况下，下家如果要叫牌，也必须在二阶以上，所以二阶争叫并没
有多大的阻击作用。相反，由于 1NT 开叫的限制性很强，你如果
以正常一阶开叫的牌力和一个 5 张套在二阶参与争叫，对方很容
易判断是叫进局还是加倍惩罚你。所以在上家开叫 1NT 后，以 5
张单套牌在二阶争叫的弊大于利。如果你有一个 7 张套（哪怕不
太强），则干脆在三阶叫出；甚至，6 张好套外加一个 K 的实力，
也可在三阶争叫。我们来看几个具体的例子（上家均开叫 15~17
点的 1NT）。

例 2-25

　　♠ A 8 3
　　♥ 10 4 3
　　♦ K Q J 8 2
　　♣ 3 2

　　争叫 2♦ 并不如想象的那么好。因为对方如果要叫高花，本来就应该在二阶叫的。你的 2♦ 争叫不仅阻挡不住对方，反而提醒他们不要叫危险的 3NT。相反，你如果不暴露好的 ♦ 套，对方可能盲目地叫到 3NT，你有可能拿到 4 墩 ♦ 和 1 墩 ♠ A 击败定约。

例 2-26

　　♠ 8 3 2
　　♥ A K J 10 2
　　♦ Q 3
　　♣ Q 10 3

　　同样道理，争叫 2♥ 弊大于利。这牌对方如果贸然叫上 3NT，你是最高兴的。可你若争叫 2♥，则提醒了对方不要叫危险的 3NT。

例 2-27

　　♠ Q 8
　　♥ K J 9 3 2
　　♦ Q J 6
　　♣ K 8 3

　　这牌在上家开叫 1NT（或 1♠）后根本就不应该考虑争叫。

例 2-28

　　♠ 10 3
　　♥ K J 10 9 8 3
　　♦ A Q 9
　　♣ 7 3

　　这牌可以争 2♥，但争叫 3♥ 可能更好。

　　另外，如果有 5-4 两套花色，同伴配合一套的可能性就很大，而自然争叫很难表示出两套牌来。

现代叫牌体系一般对 1NT 开叫都不采用二阶自然争叫,而把二阶争叫作为技术性叫品。对抗对方 1NT 开叫有许多约定叫,应用较多的是**兰迪约定叫**,争叫 2♣ 表示 5-4 以上两套高花,其他二阶争叫为 6 张以上单套自然叫。例如这样的牌:

例 2-29

> ♠ A Q 10 3
> ♥ K J 9 8 3
> ♦ 9
> ♣ 9 7 3

使用兰迪约定,争叫 2♣,让同伴竞叫高花。

兰迪约定叫由于只能表示两套高花,具有一定的局限性。本书我们推荐应用更广的 DONT（Disturbing Opponents No Trump）约定叫,即**干扰敌方的无将约定叫**。主要内容包括:

（1）加倍:惩罚性（无论对方开叫 1NT 是多少点）。均型牌惩罚 1NT 需要具有开叫强无将以上的实力（至少 17 点大牌）。如果有一个 5 张以上好套,15~16 点大牌也可以加倍。例如:

例 2-30

> ♠ K 3
> ♥ K Q J 8 2
> ♦ A J 3
> ♣ Q 7 3

可以对 1NT 加倍,这是惩罚性的。

（2）争叫 2♣:至少 5 张 ♣ 并另有一个级别较高的 4 张以上花色,8 点以上。如:

例 2-31

> ♠ 3
> ♥ Q J 8 2
> ♦ J 10 3
> ♣ K Q 7 3 2

争叫 2♣。如果同伴的 ♣ 单缺，其他花色均不少于 3 张，他可以叫 2♦ 寻找你的第二套，你再叫出 2♥。

（3）争叫 2♦：至少 5 张 ♦ 并另有 4 张以上高花，8 点以上。

（4）争叫 2♥：两套高花，至少 5 张 ♥ 和 4 张 ♠，8 点以上。

（5）争叫 2♠：5 张以上 ♠ 好套，非均型，10~15 点。

（6）争叫 2NT：8 点以上，5-5 以上双低套。

（7）跳叫 3♣/3♦/3♥：6 张以上单套，10~15 点。

采用 DONT 约定叫要注意大牌点的分布和局况。一般来说，只要有一个 5 张套和一个较好的 4 张级别较高花色，在无局时 8 点以上就可以争叫 2♣/2♦ 或 2♥。这种争叫，牌点一般在 15 点以下，而且没有进局的愿望（超过 15 点的牌可以加倍）。进行 2♠ 以上的争叫，或在有局的情况下争叫 2♣/2♦/2♥，两门花色至少应有 10 个大牌点，具有一定的建设性，建议同伴牌型牌点合适时进局。

不够以上加倍或争叫条件的牌，一律 Pass。

使用 DONT 约定，争叫的花色保证 5 张，同伴双张以上即可 Pass。如果争叫的花色同伴是单张或缺门，他可以叫出高一级的花色进行"对套"，在二阶找到 4-3 以上配合，从而避免单套争叫的风险。

有利情况下，如果同伴具有开叫或接近开叫的实力，这副牌开叫人 1NT 的大牌点，就成了我们"三明治"的夹心，我方甚至可以 23 点左右叫到并完成成局定约。

2.6 对强 1♣ 开叫的争叫

许多非自然的叫牌体系与精确制一样，把 1♣ 作为强力开叫，只表示大牌点为 16 或 17 点以上，与 ♣ 套本身没有任何关系。

对强 1♣ 开叫的约定争叫很多，我们介绍如下简单适用的方法。

（1）争叫 1♦/1♥/1♠：好的 6 点以上（不设上限），所叫花色通常为一个好的 5 张以上套，偶而也争叫 A Q J ×、K Q J × 等 4 张强套。

（2）加倍：约定叫，有 5-4 以上两套高花，请同伴选择高花竞叫。

（3）争叫 1NT：约定叫，5-5 以上两套低花，与不寻常 2NT 相似。局况有利时还可以争叫 2NT、4NT。

（4）争叫 2♣/2♦/2♥：约定叫，与对 1NT 开叫的 DONT 争叫相似，所叫花色 5 张以上并另有 4 张较高级花色^{（注）}。

（5）争叫 2♠/3♣/3♦/3♥：单套，10 点左右，阻击叫，遵循 2~3 法则。

对于强 1♣ 开叫的争叫，主要是阻击性，一般不考虑建设性。

例 2-32

　　　　♠ A K J 10
　　　　♥ 8 3 2
　　　　♦ Q 10 8 2
　　　　♣ 8 2

上家开叫 1♣ 后不失时机地争叫 1♠，告诉同伴你的防守实力所在。

例 2-33

　　　　♠ A K 10 3 2
　　　　♥ Q J 10 8
　　　　♦ 10 2
　　　　♣ 8 2

对 1♣ 开叫加倍，说不定我们有个部分高花定约。

例 2-34

　　　　♠ 10
　　　　♥ 10 2
　　　　♦ Q J 10 8 2
　　　　♣ A J 8 3 2

注：也有人约定，对强1♣开叫的二阶争叫也是普通的"弱二阻击"。对于1NT使用DONT约定的搭档，我们建议二阶统一使用这样的双套争叫，除2♠以外，其他6张以上单套在一阶或三阶争叫。

叫 1NT（局况有利时可以叫 2NT），表示 5-5 两个低花套，提示同伴可以适时进行牺牲叫。

例 2-35

    ♠ K J 10 8

    ♥ 8 6 3

    ♦ K Q 10 8 2

    ♣ 8

争叫 2♦，与上家开叫 1NT 后的 DONT 约定叫一样，虽然只有 5 张，但有 4 张 ♠ 保驾，同伴 ♦ 较短时可以叫 2♥ 找高花配合。

例 2-36

    ♠ K 10 6

    ♥ 8 6 3

    ♦ K Q J 8 6 2

    ♣ 8

有局时争叫 1♦，无局时可以争叫 3♦（不能叫 2♦）。

例 2-37

    ♠ Q 8 2

    ♥ A K J 10 6

    ♦ K 10 8

    ♣ K 8

在上家开叫强 1♣ 后，能够拿到这样强牌的机会并不多。"万一"拿到，也不用激动，简单争叫 1♥ 等待进一步发展。如果接着两家都不叫，开叫人再叫 1♠，你可以再叫 1NT；如果开叫人叫 1NT，你可以加倍，这相当于对 1NT 开叫的加倍。如果对你的 1♥ 争叫，同伴能主动应叫，这牌就可以叫进局了。更常见的情况是，你争叫 1♥ 后下家进行了叫牌，那么你就安心打防守吧。

2.7　对二阶以上开叫的直接争叫

对方 2NT 开叫（20 点左右均型）后，我方通常不会进行争叫，即使持有 15 点和好的 6 张套，也没有必要叫出，安心打防守就是了。

如果对方开叫的是自然体系的 2♣ 强开叫（虚叫）或者是在对方示弱虚应叫 2♦ 后，我们只要有一个 5 张以上好套，哪怕不到 10 点，也可以简单地叫出该花色（更长的套可以跳叫阻击），这与一阶争叫 4 张强高花的道理一样，不仅能起到指示首攻的作用，有时还可以干扰对方的叫牌，甚至可以引导同伴进行合理的牺牲。如果正好是 ♣ 强套，可以对虚叫的 2♣ 进行加倍做首攻或竞叫指示。也有人约定，对自然体系 2♣ 强开叫直接加倍表示 5-5 以上两套高花，希望同伴以高花进行竞叫。

如果花色套的质量不好，哪怕有 12 点或更多，则不宜进行争叫，以免暴露火力。

2.7.1 对精确 2♣ 开叫的争叫

精确体系开叫 2♣，是自然实叫，通常为 6 张以上 ♣ 或 5 张 ♣ 和一个 4 张高花套。由于争叫要在二阶进行，必须具有开叫以上的实力（12 点以上），所争叫的花色应该是 6 张以上或好的 5 张套。

如果持有 5-5 以上两套高花，可以视牌点高低进行两次争叫或叫 3♣ 作为迈克尔斯扣叫。

例 2-38

　　♠ A Q J 9 5
　　♥ K 8 3
　　♦ Q 9 6
　　♣ 8 3

上家开叫精确 2♣，很自然争叫 2♠。

例2-39

♠ K Q 10 9 8 6

♥ 8 3

♦ Q 9 6 5

♣ 3

上家开叫精确2♣，这牌不适合争叫2♠。但在局况有利时可以争叫3♠，这是对2♣正常开叫的阻击叫。

例2-40

♠ A Q J 9 5

♥ K Q 9 8 3

♦ 8 6

♣ 3

上家开叫精确2♣，这牌可以先争叫2♠，然后有机会再叫3♥表示正常开叫实力（12~15点）和5-5以上两套。

如果大牌点在8~11点或16点以上，我们直接扣叫3♣，与二阶迈克尔斯一样，表示非强即弱。

例2-41

♠ Q J 9 8 5

♥ K Q 9 8 3

♦ 8 6

♣ 3

上家开叫精确2♣，这牌可以扣叫3♣，表示5-5以上两套高花。

例2-42

♠ A Q J 9 8

♥ K Q 9 8 3

♦ A 6

♣ 3

上家开叫精确2♣，这牌也扣叫3♣，同伴如果简单叫3♥或3♠，可以加叫进局。

2.7.2 对方阻击开叫后单套争叫

上家做弱二的 2♦ 或 2♥ 开叫后，要进行争叫，也必须有**高于正常开叫的实力**。不足 12 点，即便有长套也不要"以弱对弱"进行争叫。

例 2–43

　　♠ K J 9 6 5 3

　　♥ 8 4

　　♦ 9 3

　　♣ K 6 3

这样的牌，在上家一阶开叫后，可以争叫 2♠ 阻击。但在上家开叫精确 2♣ 或弱二开叫 2♦/2♥ 后，不要急于争叫 2♠。先 Pass 等等看，一定会有人继续叫牌的。如果同伴最后能进行平衡加倍，那时可以跳叫 3♠ 邀局。

具有正常开叫的实力，持有比对方阻击叫级别高的花色长套，可以自然叫出（不逼叫）；更强的实力，可以跳叫。

（1）简单叫出花色：正常开叫及以上实力，至少 12 点，最高可达 17 点，5 张以上好套。

例 2–44

　　♠ A K J 9 6 3

　　♥ 8

　　♦ K Q 9

　　♣ A 6 3

如果上家一阶花色开叫，这牌可以"加倍出套"。但在上家弱二开叫 2♦ 或 2♥ 后，简单叫 2♠ 就够了，对阻击叫，单套强牌一般不用"加倍出套"。

（2）跳叫高花：通常 18 点以上，9 个以上赢墩，所跳叫的花色通常为 6 张以上好套，相当于"强 2 开叫"的实力，逼局。

例 2-45

　　♠ A K J 9 6 4
　　♥ 8
　　♦ K Q J 3
　　♣ A 6

仍然不要企图"加倍出套"！

在上家 2♥ 开叫后跳叫 3♠，表示具有强二开叫的实力，同伴如果有 ♠ Q 或者在低花上有实力，会加叫到 4♠ 的；同伴如果有 ♥ 止张，可以叫 3NT。

如果上家 3♣ 或 3♥ 开叫，这牌直接争叫 4♠。

在上家弱二开叫后如果仅有开叫的实力，比如通常的 12~15 点，没有长套，可以 Pass，等待同伴平衡叫牌或准备打防守。

（3）叫无将：对于二阶阻击叫，如果具有 16 点以上，在对方所叫花色中有止张，可以叫无将。16~21 点叫 2NT，22 点以上可以直接争叫 3NT。如果有一个坚固的 7 张低花套并在对方花色中有止张，20 点左右也可以直接争叫 3NT。

（4）三阶扣叫对方花色：通常表示有一个坚固的低花长套，对方花色没有止张，扣叫对方花色寻求 3NT。

例 2-46

　　♠ K J 4
　　♥ 8
　　♦ A K Q 9 8 6
　　♣ Q 9 6

上家开叫 2♥，简单争叫 3♦ 不足以表达这手牌，而跳叫 4♦ 又可能错过最佳的 3NT 定约。对于这样一个可以提供大量赢墩的坚固低花套而对方花色没有止张的牌，我们**三阶扣叫对方花色** 3♥，询问止张。同伴只要有一个止张（哪怕 Q10×），就可以叫 3NT。

例 2-47

　　♠ K J 4
　　♥ Q 9 8
　　♦ 6
　　♣ A K Q 9 8 6

同样，上家开叫 2◆（◆套弱 2）后，扣叫 3◆ 寻求同伴有止张叫 3NT。

2.7.3 四阶迈克尔斯

上家阻击开叫后，当持有 5-5 以上两套花色但牌点低于 11 点，可以先不叫（再次强调不要"以弱对弱"），等待同伴平衡位置表态。

12~15 点（正常开叫实力），可以就近争叫一门花色。

如果有 16 点以上且牌点集中在两套中，输墩不超过 4 个，同伴只要配合一套就可以进局，对这样特殊的牌，我们采取如下叫法：

（1）对方低花阻击开叫 2◆/3♣/3◆ 后，四阶扣叫对方花色，表示 5-5 以上两套高花逼局；四阶叫另一低花，表示所叫新低花 5 张以上和任意一套高花 5 张以上，逼局。

（2）对方高花阻击开叫 2♥/2♠/3♥/3♠ 后，叫四阶低花 4♣/4◆ 表示所叫的低花和另一套高花 5-5 张逼局。

例 2-48

　　♠ A K Q 9 4
　　♥ A K 9 8 6
　　♦ 6 4
　　♣ 8

上家开叫自然 1♣/1◆ 后这牌可以扣叫 2♣/2◆ 作为强迈克尔斯，但对方阻击开叫 2◆ 后不能扣叫 3◆（3◆ 用于坚固 ♣ 套寻求 3NT），而应该跳扣叫 4◆，表示 5-5 以上高花逼局实力；对方开叫 3♣/3◆ 后，不跳叫的四阶扣叫 4♣/4◆ 也是表示两套高花逼局。

例 2-49

♠ A Q 10 9 4

♥ 8

♦ A 6

♣ K Q J 9 8

对方开叫 2♥/3♥ 后，叫 4♣ 表示 ♣ 与 ♠5-5 以上两套逼局实力；如果对方开叫的是 2♦/3♦，此牌也是叫 4♣，表示 ♣ 与任一（不确定的）高花 5-5 以上逼局。

四阶低花扣叫（无论是否跳叫）都表示 5-5 以上两套高花逼局；争叫四阶新低花表示所叫花色与一套未叫高花 5-5 以上逼局。这相当于迈克尔斯扣叫的扩展，也叫**迈克尔斯跳叫**（Leaping Michaels）或**四阶迈克尔斯**，是逼到四阶高花或五阶低花成局的叫法。如果牌力达不到成局的要求，只能简单叫一个最好的花色。另外，如果是单套低花的强牌，我们进行三阶或五阶争叫（不能用四阶单套低花自然争叫）。

另外，在对方二阶或三阶高花阻击开叫后，如果持有 5-5 以上两套低花，输墩不超过 4 个，可以叫 4NT，这也是不寻常 4NT，让同伴选择低花进局。

2.8　平衡位置争叫

如果西家开叫自然 1♣ 或 1♦，两家 Pass，你坐南，作为第四家处在 "Pass 即完" 的**平衡位置**。这时若有 10 点左右和一个哪怕不太好的 5 张花色也要叫出来。其目的不再是为了指示首攻，主要是争取部分定约。平衡位置一般不宜用 4 张套争叫。

例 2-50

♠ A K J 10

♥ 8 2

♦ Q 10 8 3 2

♣ 8 2

你坐南家，持这样的牌。在东家开叫 1♣、1♦、1♥ 后，可以争叫强 4 张套 1♠；而在西家开叫 1♣，其他两家 Pass 后，在平衡位置则应争叫 5 张套 1♦（不宜争叫 4 张套 1♠）。

例 2-51

> ♠ K 8 4
> ♥ Q J
> ♦ Q 9 4
> ♣ K J 9 5 2

这手牌在前面曾出现过，我们不提倡在直接位置争叫。

但是，无论下家开叫的是 1♦/1♥/1♠ 还是 1NT，两家 Pass 后，平衡位置都应该争叫 2♣。如果第一家开叫的是自然 1♣，这牌平衡位置可以争叫 1NT。

平衡位置，持 12~15 点不适合技术性加倍的牌，对方所叫花色有止张即可以争叫 1NT。

例 2-52

> ♠ A J 8
> ♥ J 10 8 3
> ♦ K 10 2
> ♣ K 8 2

这样的牌，在上家任何开叫后都只能 Pass。但在下家开叫 1♣/1♦/1♥/1♠，两家 Pass 后，平衡位置都可以争叫 1NT。

由于持双套的机会没有单套多，如果左手家开叫 1NT，其他两家 Pass 后，在平衡位置我们不使用 DONT 约定叫（也不建议使用兰迪等其他表示两套的约定叫）。平衡位置争叫 2♣/2♦/2♥/2♠ 为自然叫，通常为 8~15 点；平衡位置加倍，有 15 点以上即可；跳叫三阶花色需要 16 点以上和有连张大牌的 6 张以上套，这时的间张大牌要减值，因为开叫 1NT 者在你的下家。

平衡位置跳叫二阶或三阶花色，不是阻击叫，而是建设性的中等实力（15 点左右）和 6 张以上好套，7~8 个赢墩。例如：

例 2-53

> ♠ A Q 10 9 6 3
> ♥ A Q 8
> ♦ K 9
> ♣ 6 3

在左手方开叫自然 1♣/1♦/1♥ 两家 Pass 后，都可以跳叫 2♠。同伴的牌如果很弱且没有 ♠ 配合，2♠ 定约也相对安全；同伴如果有一定实力（2 个以上快速赢墩），即可进局。

另外 2.7.3 小节中介绍的对方阻击开叫后的四阶迈克尔斯，在平衡位置也适用。

2.9 在对方两家都叫过牌后的争叫

2.9.1 在对方一盖一应叫后单套争叫

对方两人进行过一盖一叫牌以后，如果你还能持有开叫以上的牌点，那么可想而知同伴的牌点一定很低。

例如下家开叫自然 1♣ 或 1♦，同伴 Pass，上家一盖一应叫 1♥ 或应叫 1NT，你持有类似于下面例 2-54 这样的牌，连想都不要想，赶快 Pass! 不信的话，你将会看到争叫 1♠ 带来的严重后果。

例 2-54

南家发牌，东西有局，南家开叫 1♦ 西家 Pass，北家应叫 1♥。东家持牌：

> ♠ K J 9 5 2
> ♥ K 4 2
> ♦ Q 5 3
> ♣ K J

你是东家，叫不叫 1♠？

首先，对方已通过第一轮叫牌交换了信息，你若争叫 1♠，下家若在 ♠ 中有 Q10× 就可能叫 1NT，上家持 ♠A× 时会加叫到 2NT 或 3NT，这样的话同伴首攻 ♠ 对你不会有任何好处；其次，如果对方找到配合，而你的同伴决定做牺牲叫时，你会发现你们其他花色中的输张多得惊人；第三，可能由于你的争叫使对方叫到3NT、4♥、5♣或5♦定约，他们几乎可以百分之百飞中你的所有大牌；最后，当对方花色明显不配而牌力颇高的话，他们甚至可以对你的1♠加倍进行惩罚，你可能要宕三四墩，下面的情况不是不可能发生的：

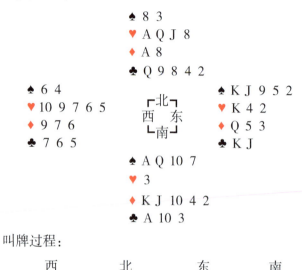

```
                  ♠ 8 3
                  ♥ A Q J 8
                  ♦ A 8
                  ♣ Q 9 8 4 2
    ♠ 6 4                         ♠ K J 9 5 2
    ♥ 10 9 7 6 5    ┌北┐          ♥ K 4 2
    ♦ 9 7 6        西  东         ♦ Q 5 3
    ♣ 7 6 5        └南┘          ♣ K J
                  ♠ A Q 10 7
                  ♥ 3
                  ♦ K J 10 4 2
                  ♣ A 10 3
```

叫牌过程：

西	北	东	南
			1♦
／	1♥	1♠（？）	／（！）
／	×（‼）	／	／（‼‼）
∥			

在东家争叫1♠后，南家不叫无将而是机敏地Pass，北家做出义务性加倍，南家再次放过。可怜的东家，可能只拿到两三墩牌。

因此，这种"三明治"位置加入叫牌一定要小心，没有特色、牌点分散、花色质量比较差的牌，就不要开口。即使牌点很高（超过15点），也没有必要立即插入叫牌。请放心，对方无论是一盖一还是二盖一应叫，叫牌都不会立即结束的，你以后还有机会。

"三明治"位置插入叫牌，并不要求有太多的大牌点，主要看争叫花色的质量，所叫的花色要么 6 张以上好套，要么是 4~5 张有 3 张大牌。例如，在南家开叫（自然的）1♣ 或 1◆，北家应叫 1♥ 后，你坐东家，若持有：

例 2-55

      ♠ A J 10 9 8 4

      ♥ K 4 2

      ◆ 5 2

      ♣ 10 6

可以争叫 1♠。

例 2-56

      ♠ A K Q 3

      ♥ K 4 2

      ◆ 10 8 2

      ♣ 6 5 3

这牌虽然只有 4 张 ♠，也可以争叫 1♠，这与上家开叫 1♥ 后第二家直接位置争叫 4 张强套的目的相同，进行首攻指示。

对方一盖一应叫以后二阶争叫，必须有非常好的 6 张以上套。

例 2-57

      ♠ K J 4

      ♥ 4 2

      ◆ 5 2

      ♣ A Q J 10 6 4

这样的牌才能考虑在对方一盖一应叫后争叫 2♣。

对方一盖一应叫以后持均型牌，哪怕有 16 点以上，也不应该争叫，特别是不能以分散的 16 点左右争叫"自然 1NT"！

2.9.2 在对方一盖一应叫后两套争叫

对方一盖一应叫后，持有其他两门花色，有 10 点以上就可以积极参与争叫。

2.9.2.1 不寻常无将争叫

对方一盖一应叫后，争叫 1NT 可以约定为"不寻常无将"，通常表示 5-5 以上另外两门花色，10 点左右。如果局况有利或 6-5 以上，还可以争叫 2NT 甚至 4NT，其目的主要是建议同伴在相应阶数上进行牺牲叫。争叫不寻常无将主要目的是竞叫，一般不超过 14 点。

2.9.2.2 对两门花色的排除性加倍

持有 15 点以上大牌，另外两门花色 5-4 张以上，可以叫加倍。这是技术性加倍，希望同伴积极进行竞叫，或在一定阶数上惩罚对方。

三明治位置，如果只有 12~14 点，一般不适合叫排除性加倍。

例 2-58

西家发牌，双方无局

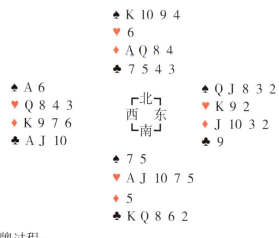

叫牌过程：

西	北	东	南
1♦	/	1♠	2NT
/	3♣	/	/
//			

在西家开叫，东家一盖一应叫以后，南家"三明治"位置争

叫 2NT，表示其他两门花色 5–5 以上，从而决定了竞叫的胜利。

例 2-59

南家发牌，双方无局，叫牌过程：

西	北	东	南
			1♦
／	1♥	×	× ×
3♣	／	3♥	×
4♦	／	4NT	／
5♣（1 关键张）	／	6♣	……

♠ J 8 6 4
♥ K Q J 7 6
♦ 10 8 4
♣ 7

♠ K 9 ♥ 9 4 3 2 ♦ A 7 ♣ 10 5 4 3 2	北 西 东 南	♠ A Q 10 3 2 ♥ 5 ♦ 3 2 ♣ A K J 9 6

♠ 7 5
♥ A 10 8
♦ K Q J 9 6 5
♣ Q 8

　　南家开叫 1♦，北家一盖一应叫 1♥。东家加倍表示有两套黑花色开叫以上实力。南家做出"支持性再加倍"表示有 3 张 ♥ 支持，这使得西家发现自己虽然只有 7 点，但♦A、♠K、5 张 ♣ 以及 4 张小 ♥ 价值连城，遂跳叫 3♣。这个跳叫表示了即使东家是低限，也愿意打 3♣。东顺势扣叫 3♥ 表示强牌和 ♥ 单缺，西 4♦ 扣叫，然后叫到 6♣ 这个只有 21 点却成功率极高的满贯定约。

2.9.3 叫对方叫过的花色

　　对方一盖一应叫以后，如果你的长套花色是对方叫过的花色，应该如何表示。

例如西家开叫自然1♦，东家应叫1♥，你坐南家持这样的牌：

例 2-60

> ♠ K J 4
> ♥ 4 2
> ♦ A Q J 10 6 4
> ♣ 5 2

西	北	东	南
1♦	／	1♥	？

是否可以叫2♦呢？

叫2♦，表面上是"扣叫"，这在过去被认为是强大实力的叫法。

但在现代竞叫理论中用来作为"实叫"（详见：[美]马歇尔·迈尔斯《21世纪竞叫》），理由是这样的：对方的自然1♦开叫，也许是♦K领头的长套，但从你的牌来看，西家更像是短♦的准备叫。如果你现在不叫2♦，以后可能再也没有机会了。

不仅如此，即便持右手方叫过的♥长套：

例 2-61

> ♠ 9 8 3
> ♥ A Q 10 8 3 2
> ♦ Q 3
> ♣ K 3

也可以叫2♥。因为在现代叫牌中，一盖一应叫，可能是很低的牌点和较弱的4张高花。你持有如此强大的♥套，现在不叫2♥，以后可能永远没有机会了。

因此，在对方一盖一应叫以后，叫对方的花色不是"扣叫"，而是表示6张以上好套的实叫。

但是，如果左手方开叫1♥开叫，右手方应叫1♠，你即便持有6张♥，特别是有间张大牌的套，通常就没有争叫2♥的必要了，因为对方的高花开叫保证5张，而且其他的大牌一定位于你的下家。

2.9.4 在对方二盖一应叫后的争叫

对方二盖一应叫后，你如果还能有 15 点以上的"好牌"，你的同伴一定是"白板"。不知你持下面的 16 点和一个 5 张好 ♥ 套，在左手方开叫 1♠，右手方二盖一应叫 2♦ 后，能否"忍气吞声"地 Pass。

♠ K J 8
♥ A K J 8 7
♦ J 4 2
♣ K 9

如果不能忍耐，下面就是可能出现的结果：

例 2-62

南家发牌，双方有局，叫牌过程：

南	西	北	东
1♠	/	2♦	2♥（?）
/	/	×（!）	/
/（!!）	//		

♠ 7 4
♥ 10 6 5
♦ A K Q 6 3
♣ Q J 6

♠ 10 5 3　　　　┌北┐　　　♠ K J 8
♥ 4　　　　　西└─┘东　　♥ A K J 8 7
♦ 10 8 7 5　　　└南┘　　　♦ J 4 2
♣ 10 7 5 4 3　　　　　　　♣ K 9

♠ A Q 9 6 2
♥ Q 9 3 2
♦ 9
♣ A 8 2

南家首攻 ♦9，2♥ 加倍宕 4 墩，-1100 分，太惨了！而这副牌如果东家不露声色，让南北方主打的话，他们很难完成任何成局定约。小不忍则乱大谋！队式比赛的大输赢往往出现在这类"小牌"上。

因此，在右手方做出二盖一逼叫性应叫以后，如果只有普通的 5 张单套花色，即使持有开叫以上实力，也不宜立即加入争叫。

不过，如果持有另外两门花色，我们也可以使用技术性争叫手段，例如技术性加倍、不寻常无将（2NT/4NT）等。

2.9.5 对方加叫后的提前平衡

如果对方的应叫是弱加叫（例如开叫 1♥ 加叫 2♥），争叫相对安全得多，因为对方牌力有限而且有配合的花色，同伴也应该有一定的牌力，而且我方也应该有一定配合。

这时，有 5 张 ♠ 套和接近开叫实力就可以放心争叫 2♠。例如前面例 2–54 中东家的牌：

   ♠ K J 9 5 2
   ♥ K 4 2
   ♦ Q 5 3
   ♣ K J

在对方一盖一应叫后我们不建议争叫 1♠，但在对方开叫 1♥ 应叫 2♥ 后可以争叫 2♠。

甚至持下面的牌还可以在对方开叫 1♥ 应叫 2♥ 后争叫 3♣。

例 2–63

   ♠ Q 8
   ♥ K 3 2
   ♦ 4 3
   ♣ A Q 10 9 8 3

以上两手牌无论在直接位置还是平衡位置，都可以进行争叫。特别是在直接位置，如果不及时叫牌，同伴的牌点肯定很低，平衡位置是难以做出行动的。这种对方加叫后的直接争叫，相当于**提前平衡**。

例 2-64

    ♠ A J 10 3

    ♥ 4

    ◆ K 10 8 2

    ♣ K Q 5 3

这牌在对方开叫 1♥ 加叫 2♥ 后，可以进行技术性加倍，如同对方开叫 1♥ 后的直接加倍一样。如果不及时以技术性加倍参与争叫，同伴肯定无力进行平衡叫牌，对方的 2♥ 将成为最后定约。因此，这样的加倍也相当于提前平衡叫牌。

2.9.6 对方一阶花色开叫应叫 1NT 后的争叫原则

对方一阶花色（无论高花还是低花）开叫、应叫 1NT 后，你除非持有极特殊的牌，这副牌我们一方几乎没有成局的可能。

15 点以下没有特殊的牌型不要轻举妄动。16 点以上均型牌，通常也应该 Pass，安心打防守；即便 16 点有 5 张套，也可以不立即争叫，防守对方 1NT 可能更有利。当然，如果开叫人继续叫牌（无论原花还是新花），应叫人第二轮 Pass，你那时就可以考虑"平衡叫牌"，叫出你的长套。

下面三种情况，可以考虑在对方一阶花色开叫、1NT 应叫后加入叫牌：

（1）加倍：通常为 16 点（而不是 12 点）以上，4441 一类牌型（对方开叫花色单缺）。这仍然是技术性加倍，不过允许同伴在对方开叫花色中有防守赢墩时转化为惩罚性。

（2）扣叫对方花色：仍然是迈克尔斯扣叫，这里不必再区分强弱，通常 10~15 点。如果是 16 点以上的好牌，可以在同伴选择一套花色后邀请或直接进局。

（3）跳叫花色：这不是阻击，而是邀请，通常有 8~9 个赢墩。

例 2-65

♠ A K J 10 9 8 3
♥ 8 3
♦ 2
♣ A K 10

叫牌过程：

西	北	东	南
1♥	/	1NT	？

在西家开叫 1♥、东家应叫 1NT 后，南家可以跳争叫 3♠，邀局。

第3章
对争叫的应叫

无论任何体系，对开叫的牌点和牌型都有明确的规定，应叫人可以根据自己的持牌情况按照体系的规定进行应叫。

对争叫的应叫则不然，一阶争叫的点力范围很宽（最低可能只有 8 点左右，最高可达到 17 点甚至更多），应叫时总是首先按同伴的最低争叫条件来考虑的。如果同伴在无局情况下做了一阶争叫，他可能只有 K Q J × 这样的 4 张套而无其他牌力；但同伴若做了有局情况下的二阶争叫，那么他应该有开叫以上实力，所叫套必然是一个很好的 5 张以上套。

下面简述在同伴自然争叫花色后应叫的一般原则。

3.1　第三家不叫的情况

如果左手方开叫，同伴争叫，右手方 Pass，这说明右手方不仅牌点低，而且与开叫花色不配合。这时我们应该积极加入叫牌。

3.1.1 加叫同伴花色

同伴在直接位置进行一阶花色争叫，可能具有正常开叫的实力，也可能只有 8~11 点。你如果有 3 张配合，可以立即加叫到二阶。如果对同伴争叫的花色，有 4 张以上支持，可以跳加叫。在无局时可能作为提前的牺牲叫；在有局的情况下跳叫进局是根据"速达原则"进行的关煞叫。这里的直接加叫与同伴开叫后的加叫相似，不求牌点多高，但需配合良好。

对一阶争叫的加叫或跳加叫都不逼叫，争叫人如果开叫实力不足，或只有 12~13 点的开叫低限，通常不再叫，15 点以上才可以进行邀请或直接叫到局。

例 3-1

  ♠ 10 2

  ♥ Q 8 3

  ♦ J 3 2

  ♣ A Q 10 8 2

左手方开叫 1♦，同伴争叫 1♥，这牌加叫 2♥，使得下家不能叫 1♠ 或 2♦。如果下轮对方叫到 2♠ 或 3♦，可以放弃竞争（8 张配合不叫三阶）；如果对方不叫而同伴邀请，可以进局。

例 3-2

  ♠ Q 8 3

  ♥ J 10 3 2

  ♦ 8 2

  ♣ Q J 10 2

左手方开叫 1♦，同伴争叫 1♥，这牌可跳叫 3♥，这是阻击叫。

根据总墩数定律，同伴一阶争叫后，3 张通常可以加叫到 2 阶，4 张一般可以跳加叫到 3 阶。如果有 4 张支持，有 10 点左右大牌和好牌型，可以跳叫到 4 阶。

例 3-3

  ♠ K 8 3

  ♥ J 10 3 2

  ♦ 2

  ♣ A K 10 8 2

下家开叫 1♦，同伴争叫 1♥，这牌可以直接跳叫 4♥ 进局关煞。

如果同伴在直接位置进行二阶争叫，他应该保证开叫以上实力和 5 张以上好套，如果只有 10 点左右，通常是 6 张以上好套。

应叫人如果有 3 张支持，不超过 10 点，可以简单加叫。

无论同伴一阶争叫还是二阶争叫，直接加叫都不逼叫。

应叫人如果具有开叫以上实力（超过 12 点），就要采取其他逼叫手段了。

3.1.2 扣叫对方花色

先看这样一手牌：

例 3-4

　　　♠ K 8 2
　　　♥ Q 8 3
　　　♦ 9 3 2
　　　♣ A Q J 2

左手方开叫 1♦，同伴争叫 1♥，这牌如果简单加叫 2♥，在同伴有正常开叫的下限（13 点左右）时可能丢局。

这牌也不宜跳叫 3♥ 或 4♥，因为只有 3 张支持，牌型也不好，我们的跳叫 3♥ 一般是 4 张支持和牌点较少的叫法。

可见，无论加叫 2♥/3♥/4♥，都不能准确表达这样一手牌。

这样的牌，扣叫 2♦！这是现代防守叫牌中应争叫的一种重要手段，表示即使同伴的争叫低于开叫实力（8~11 点），你凭实力也完全可以加到并打成 2♥ 定约（而不是牺牲）；如果同伴具有正常开叫的低限（12~14 点），这个扣叫相当于邀请；当同伴中等以上实力（15 点以上）时，这个扣叫相当于有加叫进局的实力。

例 3-5

　　　♠ K 8 2
　　　♥ Q 10 8 3
　　　♦ 9 3
　　　♣ A Q J 2

这牌在左手方开叫 1♦，同伴争叫 1♥ 后，可以跳扣叫 3♦！

在二阶或三阶扣叫对方花色，表示对同伴争叫花色有较好支持，其他花色也有一定实力，如果同伴有正常开叫实力，则应叫到局；否则可以在最低水平叫回原花停叫。这是**支持性扣叫**，也被称为**适度扣叫**。

在应叫人扣叫后，争叫人首先要表示是低限还是高限争叫：低限争叫只能重叫原花色（哪怕只有 4 张）；有开叫实力可以叫新花表示第二套；最低水平叫无将表示对方所叫花色有大牌。高限争叫要进行跳叫或再扣叫对方所叫花色，表示有第一控制。

例 3-6

西家发牌，南北有局

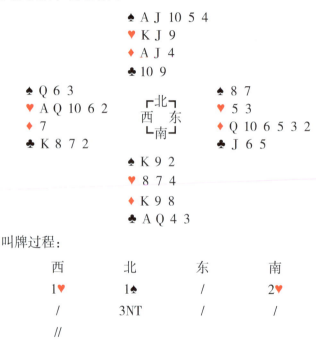

```
                      ♠ A J 10 5 4
                      ♥ K J 9
                      ♦ A J 4
                      ♣ 10 9
   ♠ Q 6 3          ┌─北─┐        ♠ 8 7
   ♥ A Q 10 6 2    西      东      ♥ 5 3
   ♦ 7              └─南─┘        ♦ Q 10 6 5 3 2
   ♣ K 8 7 2                      ♣ J 6 5
                      ♠ K 9 2
                      ♥ 8 7 4
                      ♦ K 9 8
                      ♣ A Q 4 3
```

叫牌过程：

西	北	东	南
1♥	1♠	/	2♥
/	3NT	/	/
//			

西家开叫 1♥，北家争叫 1♠。南家有 12 点和 K 领头的 3 张 ♠，但牌型不好。简单地加叫 2♠ 显示不出 12 点的牌力，同伴即使具有正常开叫的实力也不会再叫；而跳叫 3♠，在北家低限时可能造成灾难。

此牌是支持性扣叫的典范。南家适度扣叫 2♥，显示邀请及以上牌力。这个扣叫弹性十足——北家低限可以叫回 2♠，停在安全的二阶定约；北家具有开叫以上的实力可以选择 4♠、3NT 成局，或者再叫新花逼叫。具体到这副牌，北家牌型平均，在对方开叫花色上有较好的止张，叫 3NT，让南家做最后决定。

竞叫过程中简单地扣叫对方花色，一般具有邀请及以上实力。这个原则在本方开叫、对方争叫后也适用。

如果对方开叫的花色单缺，对同伴争叫的高花有 4 张以上支持，大牌点在 13 点以上，还可以跳到四阶扣叫对方花色，这与同伴高花开叫后的**斯普林特**（爆裂叫）相似。

另外，同伴争叫后，你如果持有很强的牌（16 点以上），但对方花色不是单缺，也可以首先不跳叫地扣叫，同伴当然理解为"适度扣叫"，但他必须再叫牌。然后，下轮可以做跳叫进局、再次扣叫（表示第一控制）、叫新花再逼叫一轮、4NT 罗马关键张问叫等。

3.1.3 叫新花或叫无将

左手方开叫，同伴争叫，右手方 Pass，你持有 8 点以上但对同伴争叫的花色没有 3 张以上配合，例如：

例 3–7

西家发牌，南北有局，叫牌过程：

西	北	东	南
1♦	1♠	/	？

南家持牌：

♠ J 8
♥ Q 8 3
♦ 10 3 2
♣ A Q 8 4 2

现在的问题是，南家能不能叫 2♣，如果叫 2♣，是否逼叫。

这个问题不同搭档可能有不同的约定。习惯（在本方开叫、对方争叫后）使用"弱自由"的搭档，可能这里也约定不逼叫。而习惯"强自由"的，可能会约定为逼叫。新睿在这里约定为

9~13 点，不逼叫。

我们约定，这里对同伴争叫以后应叫新花，"一盖一"保证 8 点以上和 4 张好花色，"二盖一"保证 10 点以上和 5 张好花色，均逼叫一轮（但不保证逼局）。

10 点左右，对同伴的花色没有 3 张以上支持，而又没有可以用来应叫的新花，可以叫 1NT，而无须顾忌对方开叫的花色是否有止张。这样，上面的例 3-7，南家可以叫 1NT。

叫 2NT，需要 12~14 点，保证对方开叫花色有止张；15 点以上均型有止张，可以叫 3NT。

3.2 第三家叫牌的情况

3.2.1 第三家加叫开叫花色

左手方开叫一门花色，同伴争叫，右手方简单加叫开叫花色。这时对方已经有配合，我方如果只有普通的 8 张配合，可以简单地竞叫到二阶。

3.2.1.1 争二不争三
例 3-8
西家发牌，双方有局

```
              ♠ A Q J 5 4
              ♥ J 9 7
              ♦ K J 4
              ♣ 10 9

♠ 10 6 3         北          ♠ 8 2
♥ A Q 10 6 4  西    东        ♥ K 5 2
♦ A 7            南           ♦ Q 10 6 5
♣ K 8 2                       ♣ J 7 6 5

              ♠ K 9 7
              ♥ 8 3
              ♦ 9 8 3 2
              ♣ A Q 4 3
```

叫牌过程：

西	北	东	南
1♥	1♠	2♥	2♠

......

西家开叫 1♥，北家争叫 1♠，东家加叫 2♥。从南家的角度显而易见，这副牌双方牌力相当，很可能都是普通的 5-3 配合。南家简单地竞叫到 2♠。双方有局，如果对方愿意打三阶定约，则放弃竞争。这就是通常所说的"争二不争三"。

3.2.1.2 好坏 2NT

如果对同伴争叫的花色有 4 张以上配合，通常可以竞叫到 3 阶。

例 3-9

西家发牌，双方有局，叫牌过程：

西	北	东	南
1♠	2♥	2♠	?

南家持牌：

例 3-9-1

♠ J 9 3
♥ K 9 7 6
♦ 8 2
♣ K Q 7 4

这手牌有 4 张 ♥ 支持，8 个输墩，而同伴 2♥ 争叫，一般也不会弱于 1♥ 开叫的实力，通常不超过 7 输墩。在有局的情况下这牌也可以竞叫到 3♥。这不仅是根据总墩数定律做出的竞叫，而且不反对同伴的牌较好（5-6 输墩）时进局。

例 3-9-2

♠ J 9 3
♥ K 9 7 6
♦ 8 2
♣ Q 10 7 4

这牌，9 输墩，我们不直接叫 3♥，而是叫"技术性"的 2NT。逼同伴叫 3♥ 后停叫。如果对方继续竞叫 3♠ 则放弃竞争。

例 3-9-3

　　♠ J 9 3
　　♥ K 9 7 6
　　♦ 8
　　♣ K J 10 7 6

这牌可以直接叫 4♥，带有牺牲的味道，对方非要上 4♠，我们则放弃竞争。

例 3-9-4

　　♠ 10 9 6
　　♥ Q 10 7
　　♦ A Q 8
　　♣ K Q 10 7

为了与例 3-9-3 区别，这牌我们不直接叫 4♥，而也是先叫技术性的 2NT，待同伴无条件叫 3♥ 后，再叫 4♥，表示实力充足，定约是属于我们的。如果对方胆敢叫 4♠，可以加倍惩罚。

在上面的叫牌进程中，叫自然 2NT 几乎是不可能的。我们把这个作为"好坏 2NT"（Good-Bad 2NT）约定叫，用来表示对同伴争叫的花色好的支持（4 张或有大牌的 3 张），分别表示超过（好）或不足（坏）直接加叫的实力。而中等实力的牌则直接加叫。

"万一"你真的有 12 点以上，并在对方所叫的花色中有双止张，那就直接叫 3NT 好了。

3.2.1.3 技术性加倍

如果在同伴争叫、对方加叫后，你有 8 点以上，但对同伴所叫的花色没有配合，未叫两门花色为 4-4 以上，则可以叫加倍。无论对方是简单地加叫还是跳加叫，这个加倍都是技术性的。当然，加倍的阶数越高，同伴放罚的可能性越大。

3.2.1.4 第四家叫新花

另一种情况，你有 8 点左右和一个 6 张以上长套，这时可以简单地叫出来。这种情况下"叫新花"（四人各叫一门花色）只是简单的竞叫，并不逼叫。

不满足以上应叫条件的，只能 Pass。

3.2.2 金鱼草加倍

左手方开叫一门花色，同伴争叫，右手方叫新花，前面三家每人叫了一门花色，这时你再有 10 点以上几乎是不可能的。不管多少点，只要配合同伴的花色就可以直接加叫同伴花色。

但如果有 10 点左右，对同伴争叫的花色配合不够好，是不是就一定不叫呢？

例 3-10

西家发牌，双方有局，叫牌过程：

西	北	东	南
1♦	1♥	1♠	?

南家持牌：

♠ 10 8 3

♥ Q 8

♦ J 3 2

♣ A Q 10 4 2

同伴争叫的花色 ♥ 只有双张，虽然有 5 张 ♣，但在双方有局的情况下争叫 2♣ 风险也很大。

这种情况下，南家叫"加倍"，也是一种负加倍，称为**金鱼草加倍**。在前面三人叫了三门花色的情况下，第四人加倍表示未叫花色 5 张以上（而不是 4 张），对同伴争叫的花色也有一定配合（通常双张有大牌或 3 张小牌），让同伴在第四花色和争叫花色中选择进行竞叫。

另外，如果同伴争叫的花色你单缺，但第四花色是一个 6 张以上好套，就不可以叫加倍而应该叫出你的花色而止叫。只有这种情况下，我们叫"新花"不逼叫。

例 3-11

南家持牌：

> ♠ 10 3
> ♥ 8
> ♦ J 8 3 2
> ♣ A Q J 8 4 2

西家发牌，双方有局，叫牌过程：

西	北	东	南
1♦	1♥	1♠	2♣

三人各叫一门花色后，南家叫出第四门花色 2♣，不逼叫。

3.3 同伴争叫 1NT 后的应叫

如果同伴不是进行花色争叫，而是争叫自然 1NT，则表示有强 1NT 开叫的实力（通常 16~18 点），在对方花色中有止张。

这时可以忽略对方的开叫，完全按同伴 16~18 点 1NT 开叫来进行应叫：

用 2♣ 做斯台曼问叫，2♦/2♥ 进行高花转移，2♠ 表示低花兴趣（根据你们的习惯约定为低花转移或低花问叫），2NT 邀叫，3NT 封局止叫等。

开叫人的同伴进行实质性叫牌后，就不存在斯台曼问叫的空间了，同时转移叫也难以实现。这时可以采用类似莱本索尔约定叫的叫法。

例 3-12

西家发牌，双方无局

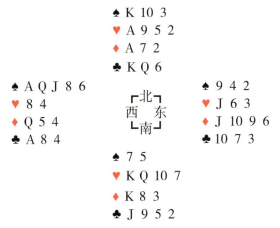

叫牌过程：

西	北	东	南
1♠	1NT	/	2♣（问高花）
/	2♥（4张）	/	4♥
/	/	//	

西家开叫 1♠，北家争叫 1NT，东家没有叫牌，这相当于北家开叫了 16~18 点的 1NT。南家叫 2♣ 相当于斯台曼，目的是询问有没有 4 张 ♥。问到 4 张以后，自然叫到 4♥。

本例中，假如北家的牌为：

  ♠ K 10 9 3

  ♥ A 5 4

  ◆ A 7 2

  ♣ K Q 6

南家 2♣ 问叫时，北家叫 2NT，表示低限，且没有 4 张 ♥，南家可以加叫到 3NT。

例 3-13

西家发牌，双方无局

```
                    ♠ K 7 3
                    ♥ A 9 5
                    ♦ A 9 7 2
                    ♣ K Q 6
    ♠ A J 8 6 2          北          ♠ Q 10 5
    ♥ J 4          西      东        ♥ 8 6 3
    ♦ K 10 5 4          南          ♦ J 6 3
    ♣ A 8                            ♣ J 7 3 2
                    ♠ 9 4
                    ♥ K Q 10 7 2
                    ♦ Q 8
                    ♣ 10 9 5 4
```

叫牌过程：

西	北	东	南
1♠	1NT	2♠	2NT（转移 3♣）
/	3♣（义务）	/	3♥（不逼叫）
/	/	//	

北家争叫 1NT 后，东家如果不参与叫牌，南家可以如同同伴开叫强 1NT 后的叫法一样，通过 2♦ 转移到 2♥ 后再进行邀请。

现在东家加叫 2♠ 后，南家不能再直接进行转移叫，而是叫出类似莱本索尔 2NT 约定叫，北家如约叫出 3♣ 后，南家叫出自己的真正长套 3♥（不逼叫）。

此例如果南家再多一两个大牌点（比如 ♦Q 换成 ♦K，♣9 换成 ♣J），就可以在东家 2♠ 后直接叫 3♥ 进行逼局。

3.4 对同伴在对方阻击叫后争叫的应叫原则

在 2.7 节中我们强调，对阻击叫不应"以弱对弱"，也不宜"加倍出套"。因此，同伴对阻击叫进行争叫，一定具有开叫以上实力，我们的应叫应该积极一些。除了配合很差牌点极低时可以不应叫外，总是用自然原则进行加叫、叫新花，或叫无将（均不逼叫），这时扣叫对方花色是唯一逼叫叫品。

如果同伴是跳叫高花（单套），通常比对方一阶开叫后"加倍出套"的实力还要强，相当于自然 2♣ 开叫后出套或精确 1♣ 开叫后跳出套，通常有 9 个以上赢墩或不超过 4 输墩。应叫人最弱的牌也应该加叫到局；叫"新花"一定是满贯兴趣的扣叫。

对方二阶开叫后，同伴三阶扣叫，表示有一套坚固低花套和打 3NT 的兴趣，但对方所叫花色没有止张。应叫人如果有止张（哪怕 Q××），应该叫 3NT，叫其他花色逼叫到同伴的低花。

对方二阶或三阶阻击叫后，同伴在四阶扣叫对方的低花，或者在四阶叫新低花，一般都是表示 5-5 以上两套逼局的强牌，其应叫原则我们在下节一并讨论。

3.5 对同伴两套争叫的应叫原则

对方开叫以后，以质量不太好的单套和分散的大牌加入争叫弊大于利。但是，如果有 5-4 以上两套牌并且一声叫牌就能表达出来，对争夺定约则十分有利。我们在第 2 章介绍了许多两套争叫的约定，大致有下列几种情况：

（1）对方 1NT 开叫后，用 DONT 约定叫，争叫 2♣/2♦/2♥ 表示所叫花色至少 5 张，同时有一个级别较高的 4 张以上套；争叫 2NT 为 5-5 以上双低花。DONT 争叫的牌点一般在 10~15 点；局况有利 5-5 以上两套时大牌点可以低至集中的 8 点左右。

（2）对方强 1♣ 开叫后，加倍表示 5-4 以上高花；叫 1NT（或 2NT、4NT）表示 5-5 以上两低花；争叫 2♣/2♦/2♥ 与对 1NT 开叫的 DONT 争叫相似，表示所叫花色至少 5 张，同时有一个级别较高的 4 张以上套。对强 1♣ 开叫争叫的牌点范围可能更大，最低可能只有集中所叫花色的 6 点左右，最高可以达到 16 点以上。

（3）对方一阶低花开叫后二阶扣叫对方开叫花色，表示 5-5

以上两套高花，非强即弱。

（4）对方一阶高花开叫后，二阶扣叫对方开叫花色表示另一高花和任一低花 5-5 以上；叫 2NT 表示 5-5 以上两套低花，非强即弱。

（5）对方一盖一或二盖一应叫后，叫无将，表示 5-5 以上两套 10 点左右的牌；对一盖一加倍则表示开叫以上实力的两套牌。

（6）对方低花阻击叫以后，四阶扣叫对方花色表示 5-5 以上两套高花的强牌，逼局；叫另一低花表示该花色与任一高花 5-5 以上两套的强牌，逼局。

（7）对方高花阻击后，四阶叫低花，表示该花色与另一高花 5-5 以上两套的强牌，逼局。

同伴做了以上各种表示两门花色的约定性争叫，应叫人的叫牌都是简单明了的自然叫。

如果同伴争叫是有明确牌点限制的，比如对 1NT 开叫的 DONT 争叫表示 10~15 点两套牌，应叫人不超过 10 点时，同伴争叫花色有 2 张以上，就可以 Pass；单缺时叫上一级花色进行"对套"，并落在同伴的第二套上。超过开叫实力的牌可以跳叫。

如果同伴的争叫没有牌点限制，或者可能是"非强即弱"，应叫人一般不要跳叫，当成同伴是弱牌进行简单的自然应叫。如果同伴真的是强牌，他会再叫一声的。

如果同伴的扣叫是表明两套高花的迈克尔斯，或表明两套低花的 2NT，应叫人简单地叫出同伴表明的一套花色表示确认将牌，争叫人弱牌可以停叫，强牌再叫一声。

如果同伴的四阶叫牌是明确一套低花，另一套（高花）不明确，应叫人叫 4♥ 是希望同伴 ♥ 套时打 4♥，♠ 套时改叫 4♠；应叫人扣叫对方花色，是问同伴高花，并有满贯意图。

例 3–14

北家发牌，双方无局

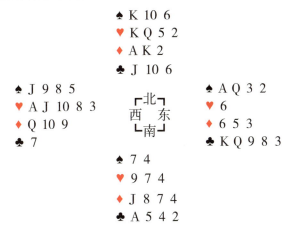

♠ K 10 6
♥ K Q 5 2
♦ A K 2
♣ J 10 6

♠ J 9 8 5　　　　　　　　　♠ A Q 3 2
♥ A J 10 8 3　　　北　　　♥ 6
♦ Q 10 9　　西　东　　♦ 6 5 3
♣ 7　　　　　　南　　　♣ K Q 9 8 3

♠ 7 4
♥ 9 7 4
♦ J 8 7 4
♣ A 5 4 2

叫牌过程：

西	北	东	南
	1NT	2♣（DONT）	/
2♦（寻第二套）	/	2♠（4 张以上）	/
/	//		

北家开叫 15~17 点的 1NT，东家 2♣ 为 DONT 约定叫，表示 5 张以上 ♣ 和另一门不确定的花色 4 张以上。

西家如果双张 ♣，可以接受 2♣ 而 Pass。现在是单张 ♣，其他三门花色都不少于 3 张，于是叫出 2♦ 进行对套，最后叫到安全的 2♠。

本例中，如果西家的牌为：

♠ J 9 8 5

♥ A Q J 10 8 3

♦ 10 9

♣ 7

则可以置东家的 DONT 于不顾，独自叫出 2♥ 表示要打。除这样的 6 张以上独立套外，一般总是要将定约落在同伴的套上。

例 3-15

北家发牌，双方有局

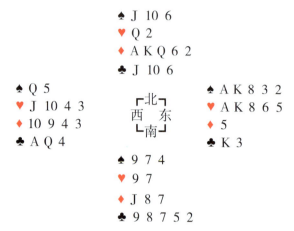

```
                        ♠ J 10 6
                        ♥ Q 2
                        ♦ A K Q 6 2
                        ♣ J 10 6
    ♠ Q 5              ┌北┐           ♠ A K 8 3 2
    ♥ J 10 4 3      西    东           ♥ A K 8 6 5
    ♦ 10 9 4 3        └南┘           ♦ 5
    ♣ A Q 4                           ♣ K 3
                        ♠ 9 7 4
                        ♥ 9 7
                        ♦ J 8 7
                        ♣ 9 8 7 5 2
```

叫牌过程：

西	北	东	南
	1♦	2♦	/
2♥	/	2♠（扣叫）	/
3♣（扣叫）	/	4NT（问关键张）	/
5♣（1个）	/	6♥	/
/	//		

在东家迈克尔斯扣叫后，西家简单地叫 2♥，东家如果"弱迈克尔斯"扣叫，可以停在较低的定约。东家叫新花 2♠ 是扣叫，表示强牌。西家顺路扣叫 3♣，表示 ♥ 好配合，成局以上实力。然后再通过问关键张，叫到了 6♥ 这个几乎可以摊牌的小满贯定约。

例 3-16

西家发牌，南北有局

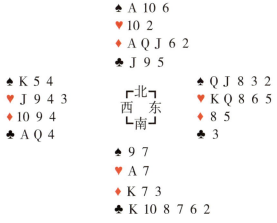

叫牌过程：

西	北	东	南
/	1♦	2♦	3♣
3♥	？		

在西家 Pass，北家开叫 1♦ 后，东家叫 2♦ 进行迈克尔斯扣叫。西家趁机竞叫到 3♥。南北家虽然点力较高，但只能看着对方打 3♥ 定约，作为有局方，是不敢轻易叫出四阶低花的。

例 3-17

北家发牌，东西有局，东家持牌：

　　　　♠ A K J 3 2

　　　　♥ A Q 8 6 5

　　　　♦ 5

　　　　♣ K 3

叫牌过程：

西	北	东	南
	3♦	4♦	/
？			

北家阻击开叫 3◆，东家扣叫 4◆ 表示 5-5 以上两套高花和强大的实力，通常有 16 点以上，输墩不超过 4 个。西家即使 0 点，也必须选一套高花进局。西家如果配合一门高花，且有低花控制，就可以扣叫低花，表达满贯意图。

例 3-18

北家发牌，双方无局，东家持牌：

   ♠ A K J 3 2

   ♥ 5

   ◆ A Q 8 6 5 3

   ♣ 3

叫牌过程：

西	北	东	南
	3♣	4◆	/
?			

北家阻击开叫 3♣，东家跳叫 4◆ 表示 5 张以上 ◆ 和一套不明高花，逼局实力。西家如果牌很弱，应该叫 4♥ 以停在同伴的高花为目的，或者直接叫 5◆。西家如果扣叫 5♣，则是 A 或单缺，满贯意图。

第4章
技术性加倍

　　技术性加倍这个术语源自英文 Takeout Double（**排除性加倍**）和 Negative Double（**否定性加倍**，也叫**负加倍**）。但汉语中的"技术性加倍"已远非仅指以上两种涵义，实际上包括了除惩罚性加倍以外的所有加倍。

　　技术性加倍无疑是防守叫牌的重要武器。杨小燕女士和安德森先生在《现代防守叫牌精要》中把技术性加倍称为"用来反击开叫方的一把利剑"，但同时又警告说，如果使用不当"会把你们领入自我毁灭之路"。也就是说，技术性加倍是一把双刃剑。使用得好，对敌方有很大的杀伤力；使用得不好，很可能会伤害到自己一方。

4.1　排除性加倍

4.1.1 对一阶花色的技术性加倍

　　上家实开叫一门花色，你如果也拿到一手具有开叫实力的牌，而且上家所叫的花色是你的强长套，例如北家开叫 1♥，你坐东，持：

　　例 4-1

　　　　♠ 8 3
　　　　♥ A K J 10 9
　　　　♦ Q 8 2
　　　　♣ A 10 5

你将会采取什么行动呢？有些初学者可能会叫加倍甚至叫2♥。但几乎所有被人们认为好的叫牌体系或任何一个桥牌好手，在北家开叫1♥后拿到东家这样的牌都会Pass，静等对方进一步叫牌或同伴采取行动。当然，如果南家叫无将，而最后由南家做3NT定约，你到那时可以叫加倍，指示同伴首攻♥（详见第5章）。

出现上述情况的机会是极少的。经常遇到的是：对方开叫的花色是你的短套，而你又没有合适的套来争叫或简单争叫不足以表示手中的实力。排除性加倍就是用来解决这类最常见问题的。对一阶花色开叫直接位置的加倍都是排除性质的加倍，常见的情况是：**有开叫的实力（12点以上），但没有可以做简单争叫的套。**技术性加倍的牌点没有上限。

最典型的牌型是4441或4450型，上家所叫花色为单张小牌或缺门，有11点就可以进行技术性加倍。

例4-2

♠ K 10 9 6
♥ K J 8 3
♦ 6
♣ A Q 9 3

上家开叫1♦，这是典型的排除性加倍牌。即使把♣Q换成一张小牌（11点）也可在无局时做技术性加倍。但11点是直接位置技术性加倍的最低限度。

这牌对1♦开叫进行排除性加倍以后，同伴无论叫1♥、1♠或2♣，你都应该Pass。低限的牌做过技术性加倍后不能主动再叫牌了。

有些牌型不太"标准"，但只要牌点超过15点，又不能叫1NT（对方花色没有止张），4432一类牌型（未叫高花有4张）也可以在一阶叫技术性加倍。

例 4-3

　　♠ A K 10 2
　　♥ A Q 9 3
　　♦ 8 4
　　♣ A 10 3

上家开叫 1♦，尽管只有 3 张 ♣，但两门高花 4-4，可以叫加倍。而且加倍后同伴若叫 1♥ 或 1♠，还可以加叫一阶邀局；如果同伴示强，则可以试探满贯。同伴如果简单叫 2♣，可以 Pass，放弃进局的打算。

例 4-4

　　♠ K Q 10 2
　　♥ K J 8
　　♦ 10 3
　　♣ A Q 9 2

上家开叫 1♣、1♥ 或 1♠，这手牌可以争叫 1NT；上家开叫 1♦ 后，这牌不能叫 1NT。牌型虽然不够理想，但有 15 点，4 张 ♠ 和 3 张 ♥，也可以叫技术性加倍。牌型不理想时，12~14 点可以不叫，15 点以上能叫 1NT 尽可能地叫 1NT。

例 4-5

　　♠ K J 2
　　♥ A Q 8
　　♦ K Q 3
　　♣ A J 6 4

均型 20 点，上家一阶花色开叫后若叫 1NT，不足以表达这手牌，而又不能叫 2NT（2NT 通常约定为不寻常无将争叫）。

这牌可以先加倍，然后在同阶水平上再叫 1NT 或 2NT，显示持有比直接争叫 1NT 更强的牌，通常为 19~21 点均型，上家所叫花色有止张。

例 4-6

　　♠ A K J 10 3 2
　　♥ 8
　　♦ Q 3
　　♣ A K J 9

这牌只有 5 个输墩，做牌赢墩超过 8 个，在上家开叫 1♦ 后，如果简单地争叫 1♠，有可能三家放过，错失成局（甚至满贯）定约。

像这样有一手接近成局实力的牌，可以先叫"加倍"，然后在同伴做出任何应叫后，叫出自己的长套，并再逼叫一轮。这就是常说的"加倍出套"，通常需要 16 点以上和 8 个以上赢墩。

凡是可以在直接位置进行技术性加倍的牌，在平衡位置都可以进行技术性加倍。在平衡位置，只要牌型合适，即使牌点低些（比如 10 点左右），也可以进行技术性加倍。如果有 12 点以上而没有合适的套可以争叫，也不适合争叫 1NT（对方开叫的花色无止张），总是要进行"平衡加倍"的。

4.1.2 二阶以上技术性加倍

对自然性质的（如精确制）2♣ 开叫，以及对自然性质的二阶花色 2♦/2♥/2♠ 阻击叫的加倍，原则与一阶花色开叫相同，也是排除性的。所需牌力和牌型与上家一阶开叫相似，通常为 12 点以上，其他三门花色都有不少于 3 张，特别是未叫高花保证 4 张，如果有两门高花未叫，应至少 4-3 以上。

例 4-7

　　♠ K Q 10 2
　　♥ A Q 6
　　♦ J 10 6 5
　　♣ 8 3

这牌可以对精确 2♣ 开叫进行技术性加倍。

例 4-8

♠ K Q 10 2

♥ A Q 6

♦ 5

♣ Q 10 6 8 3

这牌可以对自然性质的 2♦（弱二）开叫进行技术性加倍。

由于对二阶高花的加倍经常要把同伴逼到三阶水平，因此要求比一阶加倍实力更强些。有些可以在一阶进行技术性加倍的低限牌（11~12 点），就不宜用来在直接位置对二阶高花开叫进行技术性加倍。

例 4-9

♠ 10 2

♥ A Q 10 5

♦ K J 8 6

♣ Q 8 3

上家开叫 1♠，这牌可以加倍。但对上家 2♠ 阻击开叫，这样的牌不适合加倍。

在直接位置对三阶阻击叫或三阶跳加叫进行加倍，通常需要 16 点以上，对牌型不再有严格的要求，但在除加倍花色外，必须有较多的快速赢墩。加倍的阶数越高，同伴放罚的可能性越大。

例 4-10

♠ A K 10

♥ A Q 6 5

♦ K 6 3

♣ J 7 2

这样的一手牌对三阶低花 3♣/3♦ 开叫进行加倍就比较理想。这牌也适合在对方 1♣—3♣ 或 1♦—3♦（弱跳加叫）后进行加倍。

如果低于 16 点，除非有理想的牌型，一般是不会考虑在三阶进行加倍的。

需要再次强调的是，持有高花长套的强牌（做牌赢墩超过 8

个）时，在对方弱开叫后可以三阶叫高花或直接跳叫进局，而不是像在对方一阶开叫后那样"加倍出套"。

另外，凡是不能在直接位置进行加倍也没有套可以争叫的牌，一律先 Pass。这样，在平衡位置的争叫和加倍相对来说要求的条件就比在直接位置宽一些。

4.1.3 不适合技术性加倍的情况

对方一阶开叫后，你如果有 12 点以上，最适合排除性加倍的牌型是 4441 或 4450。如果对方开叫的花色为 2 张，牌型为 4432，应该至少有一套未叫的 4 张高花。如果未叫高花是双张，一般不适合加倍。

例 4-11

♠ K Q J 2

♥ 8 6

♦ 10 9 4

♣ A K 8 4

13 点，4432 牌型，在对方开叫 1♥ 后可以加倍。如果对方开叫 1♦，就不应该加倍（可以争叫 1♠）

例 4-12

♠ Q 2

♥ K Q 10 8

♦ J 4

♣ A Q J 6 4

上家开叫 1♦，这牌应该争叫 2♣ 而不适合技术性加倍。因为加倍后同伴很可能叫 ♠，自己则陷入困境。

例 4-13

♠ Q 2

♥ Q 10 4

♦ K Q J 8

♣ A Q J 6

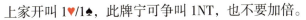

上家开叫 1♥/1♠，此牌宁可争叫 1NT，也不要加倍。

例 4-14

  ♠ A K J 2
  ♥ Q 6
  ♦ A J 10 6 3
  ♣ Q 4

上家开叫精确 2♣，这牌也不宜加倍。因为 ♥ 太短，加倍以后同伴叫 ♥ 就不好收场了。注意这牌大牌点分散，虽然有不错的 5-4 两套，但不够"加倍出套"。应该简单争叫 2♦，如果同伴能够叫 2♥ 或 2NT，还可以叫出 ♠ 套。而如果同伴不够对 2♦ 争叫进行应叫，大概就难以成局，2♦ 是一个不错的部分定约。

4.2 对排除性加倍的应叫

同伴在直接位置上对对方的一阶花色开叫做了技术性加倍，他的牌可能是只有 11~12 点 4441 牌型，也可能几乎一人可成局。他一定希望你叫牌，第二轮他会把是什么性质的加倍表示清楚的。

首先应排除的叫品是 Pass。初学者往往以牌力很弱和没有长套为理由 Pass，这是极其严重的错误。同伴技术性加倍后，你的牌越弱越应该叫，哪怕是一手白板！

4.2.1 同伴对一阶花色技术性加倍后的应叫原则

（1）同伴在直接位置做技术性加倍后，如果上家 Pass，你必须叫牌。持牌很弱（不超过 8 点）时在最低水平叫手中最长套（无可奈何时可叫比开叫花色高一级的 3 张花色）；叫 1NT，表示 8~9 点（不保证有好的止张）。但持弱牌且上家叫牌后你的义务已解除，可 Pass。只有极个别情况下，持有对方开叫花色 5 张以上且有大牌，其他花色都很差而且是对方有局，才可以 Pass 转化为惩罚。

例 4-15

叫牌过程：

西	北	东	南
1♦	×	/	？

南家持牌：

♠ J 6 2

♥ 10 6 3

♦ Q 10 6 3

♣ J 4 3

这牌在同伴对 1♦ 加倍后，东家只要叫牌，南家的义务就解除了。但现在东家 Pass，南家就必须叫牌。虽然有 4 张 ♦，由于牌点太低，不能叫 1NT，更不能放过。没有 4 张高花，不得已，只好叫 1♥（最接近对方开叫花色的 3 张高花），这是义务性的。

（2）持平均牌点的牌（9~11 点），在上家 Pass 后可跳叫 5 张套或好的 4 张高花，亦可跳叫 2NT（有好的止张）；在上家叫牌后可在二阶水平自由叫出花色或叫 2NT（上家叫过的花色中止张不一定好，但在对方开叫花色中应有双止张）。这些均是邀叫而非逼叫。

例 4-16

叫牌过程：

西	北	东	南
1♦	×	/	2♥

南家持牌：

♠ Q J 6

♥ K 10 6 3

♦ 10 6

♣ A J 4 3

南家尽管只有 4 张 ♥，却应该跳叫 2♥，表示 4 张以上 ♥ 和接近开叫的实力，邀局，但并不逼叫。

例 4-17

叫牌过程：

西	北	东	南
1◆	×	/	2NT

南家持牌：

♠ Q 6

♥ Q 10 6

◆ K J 6 3

♣ A 10 4 3

跳叫 2NT，表示对方花色有止张和接近开叫实力（通常 11~12 点），没有 4 张高花，邀请。如果有 13 点或好的 12 点和双止张，可以直接叫 3NT。

（3）持有普通开叫实力的牌可直接跳叫高花进局（5 张以上或好的 4 张）或跳叫 3NT（止张要求同上）。如果无好的高花套也无对方所叫花色的止张，可以扣叫对方花色，逼同伴出套或当同伴有对方所叫花色止张时叫无将。

（4）当上家加叫其同伴开叫的花色后，三阶及其以下的加倍为**应叫性加倍**，通常没有 4 张未叫高花，没有 5 张低花，希望同伴叫最好的套。但对三阶的加倍一般要有 9 点左右大牌或两个防守赢墩，牌型较平均，同伴可以考虑放罚。四阶通常为惩罚性加倍。

例 4-18

叫牌过程：

西	北	东	南
1♥	×	2♥	×

南家持牌：

♠ Q 6

♥ 10 8 6

◆ K J 6 3

♣ Q 10 4 3

面对同伴的加倍，南家有 8 个有效大牌点。但没有 4 张♠，也没有 5 张低花，这样的牌可以用"加倍"参与竞叫，这是应叫性加倍，希望同伴叫出最好的低花。

（5）上家叫一阶新花，加倍也为应叫性加倍，表示有应叫实力，两门未叫花色均可；对二阶新花的加倍原则上属于惩罚性质，愿意惩罚对方二阶任何定约。

例 4–19

叫牌过程：

西	北	东	南
1♦	×	1♠	×

南家持牌：

- ♠ Q 6
- ♥ K 10 8
- ♦ J 9 6 3
- ♣ Q 10 4 3

西家开叫 1♦ 同伴加倍，东家叫一阶高花，南家如果有另一高花 4 张以上或者 5 张以上未叫低花，可以直接叫出。加倍表示有 8 点以上，但没有 4 张高花，两门低花等长，这也是应叫性加倍。

例 4–20

叫牌过程：

西	北	东	南
1♦	×	2♣	×

南家持牌：

- ♠ 8 6
- ♥ Q 10 8
- ♦ A Q 10 6
- ♣ K J 10 4

不管东家的 2♣ 是"强自由"还是"弱自由"，也不管对方后续再叫什么，我们要么打 3NT，要么惩罚对方到底。

（6）如果上家叫自然无将，加倍为惩罚性，表示对方开叫花色中可以取得 2 墩以上，其他花色还有少许实力。但如果对方的"无将"是约定叫（通常表示有加叫实力），则尽可能叫出手中最好的花色。

（7）在类似于下面的叫牌进程后 Pass，可把同伴的技术性加倍转化为惩罚性加倍：

例 4–21

西家发牌，东西有局

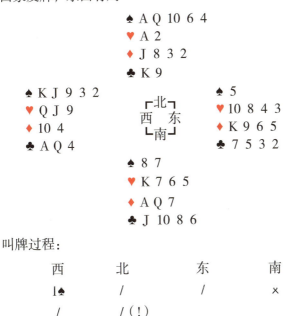

叫牌过程：

西	北	东	南
1♠	/	/	×
/	/（!）		

西家开叫 1♠，北家不动声色地 Pass。南家在平衡位置加倍，北家放过，将同伴的平衡位置技术性加倍转化为惩罚性。

4.2.2 同伴对二阶花色技术性加倍后的应叫

下家弱二开叫 2◆/2♥/2♠ 后，同伴于直接位置加倍，或者上家开叫一阶高花，你 Pass，下家加叫到二阶，同伴加倍都是排除性质的。

同伴对二阶高花进行技术性加倍后，应叫的原则与一阶加倍后有所不同。因为在同伴对一阶高花技术性加倍后可用平叫来表示极弱牌，用跳叫或扣叫来表示有实力（9点以上）。但同伴对对方二阶高花开叫（或加叫）加倍后，你持10点左右和一个低花套若再用跳叫来表示则跳叫低花就要跳到四阶，这不仅有可能超过安全的阶数，也有可能错过同伴在对方花色中有止张时做3NT定约的机会。

例 4-22

叫牌过程：

西	北	东	南
1♥（2♥）	×	/	3♦

南家持牌：

    ♠ Q 7 6

    ♥ Q 8 6

    ♦ K Q 8 6 4

    ♣ 10 4

无论西家开叫1♥还是2♥，北家加倍后南家都可以叫3♦，否认4张♠，表示有5张以上♦和邀请进局的实力。

例 4-23

叫牌过程：

西	北	东	南
2♥（弱二）	×	/	？

南家持牌：

    ♠ 7 6

    ♥ 8 6 5

    ♦ Q 10 8 6 4

    ♣ 10 4 3

如果西家开叫1♥，北家加倍后，南家这牌可以叫2♦。但现在西家开叫的是2♥，北家加倍后，南家如果叫3♦。则无法与例

4-22 区别。

这种情况下我们采用**莱本索尔**约定叫，与同伴开叫 1NT，上家争叫二阶花色后的情况很相似：

在同伴对对方开叫或加叫的二阶高花进行技术性加倍后，应叫 2NT 是技术性的示弱逼叫，要求加倍者叫 3♣，应叫者若正好是 ♣ 套可 Pass，否则叫出自己的 4 张以上套让同伴 Pass。

除应叫 2NT 外，其他叫品都是自然性质的。如在同伴对 2♥ 加倍后，应叫 2♠ 表示弱牌，♠ 不少于 3 张，无 5 张低花；应叫 3♣/3♦/3♠ 为 4 张以上套，有进局邀叫实力（不逼叫）；3NT 为自然叫；扣叫 3♥ 为进局逼叫，表示 ♥ 没有止张，一定有 4 张 ♠。加倍者以后的叫牌要简明，如没有满贯的可能则一次把手中的牌力叫足。

如果对方二阶低花开叫也是"弱二"，同伴加倍后同样可以使用莱本索尔约定叫。如果不是"弱二"，我们采用下面的办法对付：

对 2♣ 实叫（如精确制的 2♣ 开叫）的加倍，当成通常的一阶花色技术性加倍。这时应叫 2NT 表示梅花有止张而不是莱本索尔。

对虚叫性质的 2♣、2♦ 开叫，"加倍"是"指示性加倍"，表示对方所叫花色很强，属于"惩罚性加倍"，并不需要"应叫"。

4.3 支持性加倍和再加倍

支持性加倍也是技术性加倍的一种，只有开叫人可以使用，我们简单地介绍一下。

例 4-24

双方有局，东家开叫

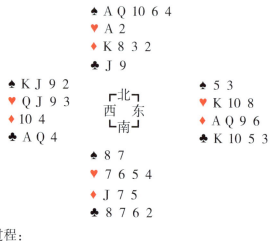

```
              ♠ A Q 10 6 4
              ♥ A 2
              ♦ K 8 3 2
              ♣ J 9
♠ K J 9 2        ┌ 北 ┐        ♠ 5 3
♥ Q J 9 3      西      东      ♥ K 10 8
♦ 10 4         └ 南 ┘        ♦ A Q 9 6
♣ A Q 4                        ♣ K 10 5 3
              ♠ 8 7
              ♥ 7 6 5 4
              ♦ J 7 5
              ♣ 8 7 6 2
```

叫牌过程：

西	北	东	南
		1♦	/
1♥	1♠	×	/
3NT			

东家开叫 1♦，西家一盖一应叫 1♥。如果没有北家的争叫，东家将再叫 1NT。现在北家争叫 1♠ 后，东家不能叫 1NT 了，而叫 2♦ 或 2♥ 或 Pass 都不能正确表达这手牌。

这时东家最好的叫品就是"加倍"——表示对同伴一盖一应叫的花色有 3 张支持，这就是**支持性加倍**。西家可以根据持牌情况，低限再叫 1NT、2♣ 或 2♦、2♥，将定约停在 2♥ 以下。此牌，西家也具有开叫的实力，4-4 高花，直接叫 3NT 进局。

如果北家不是争叫 1♠，而是"加倍"，则东家用"再加倍"表示对同伴一盖一应叫的花色 ♥ 有 3 张支持：

西	北	东	南
		1♦	/
1♥	×	× ×	

　　支持性加倍和再加倍，是开叫人的专属武器，用以表示对同伴一盖一应叫的花色有 3 张支持。如果开叫人有 4 张，则应该直接加叫，就像上家没有争叫（或加倍）一样。如果对同伴应叫的花色没有 3 张支持，低限可以不叫，高限可以叫新花或叫 1NT（保证止张）。

第5章
首攻指示性加倍

在一副牌的叫牌过程中，如果我方未能开叫，也未能及时争叫，这副牌的定约基本上属于对方。对方叫牌过程中如果有人使用约定叫，而他所虚叫的花色正好是你的强套，必要时可插入一个"加倍"。

前面我们介绍过的对2♣强开叫以及2♦虚应叫的加倍都属于**指示性加倍**。另外，对1NT开叫后的2♣斯台曼问叫、雅各比高花转移叫，对各种问叫的回答等虚叫，必要时都可以使用指示性加倍。

对虚叫叫品的加倍本质上属于惩罚性质。当然，这个加倍通常不会被接受，即对方一般是不会打被你加倍的虚叫花色定约的。加倍的目的是为指示同伴，如果牌型合适的话，可以以该花色进行牺牲叫，或者在成为防守人时首攻该花色。

有些加倍纯粹是为了指示首攻的。例如，东家持牌：

例 5-1

    ♠ 8 3

    ♥ A K J 10 9

    ♦ Q 8 2

    ♣ A 10 5

北家开叫1♥，东家冷静地Pass。最后叫到了南家做庄的3NT。由于北家曾开叫1♥，西家通常是不会首攻♥的。但最后，东家对3NT加倍，则是指示西家首攻♥。

又如，南家开叫1♥，北家应叫1♠，东西方一直未曾叫牌，最后叫到南家做庄的3NT定约。如果东家最后对3NT加倍，也是指示性加倍，指示首攻明手叫过的第一门花色♠。

首攻指示性加倍（Lead- Directing Double），是防守叫牌中的重要武器之一。这种加倍是非首攻人做出的，旨在指示一个良好的首攻，目的并不单纯是为了打宕定约后得到的罚分增加收益，而是为了把原本可能打不宕的定约变成可能打宕的。

下面我们讨论几种常见的首攻指示性加倍。

5.1 明手未实叫任何花色

我们先看这样一个牌例：

例 5-2

南家开叫 1NT，北家加叫到 3NT。你坐西家，持有：

♠ J 10 9 7

♥ 8 3

♦ J 9 4

♣ Q 7 6 3

首攻什么？正常的首攻是♠J，这是典型的保护性首攻。

可事实上，四手牌如下：

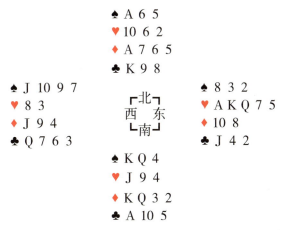

西家按照常规首攻♠J，定约方可以立即取得 9 墩完成定约。

但是，如果叫牌过程为：

西	北	东	南
			1NT
/	3NT	×	

东家的加倍就是首攻指示性加倍，这等于说：同伴，我有一个意想不到的好套，只要你能够找到并首攻这门花色，我们就可能击败定约。

首攻人得到这样的信息以后，需要做的就是判断同伴是哪一门花色。本例西家很容易判断出东家是 ♥ 套。

确定了首攻的花色以后，首攻张的选择很简单，一律打张数信号：双张攻大牌；3 张首攻最小牌（而不是中间张）等。本例，西家首攻 ♥8 并在第二轮跟出 ♥3，东家一举赢得 5 墩 ♥ 击败定约。

有时，非首攻人持有一个 K Q J × × 以上套和另一门花色的 A，也可以做出这种首攻指示性加倍。

如果开叫方没有实叫任何花色，首攻指示性加倍就是指示同伴首攻他手中没有大牌的花色。如果首攻人有两门花色都很弱不好选择，通常应该选择高花进行首攻。

5.2 明手实叫过一门花色

如果北家实叫过一门花色，东西方未曾叫牌，南家最后做 3NT 定约，东家若希望同伴首攻明手叫过的花色，可于最后对 3NT 加倍。

例 5–3

南家发牌，东西有局，东家持牌：

♠ A Q J 10 2

♥ Q J 5

♦ A 8

♣ 9 7 2

叫牌过程：

西	北	东	南
			1♦
/	1♠	/	2NT
/	3NT	×（!）	

在南家开叫1♦，北家一盖一应叫1♠后，东家无法参与叫牌，但待对方叫到3NT时，东家加倍，明确指示首攻**明手叫过的花色**♠。这种首攻指示性加倍是最常见的情形之一。

有时明手实叫过两门花色，防守方未曾叫牌，最后叫成无将定约时明手的下家加倍，通常是指示同伴首攻明手所叫的**第一门花色**。

5.3 防守方叫过一门花色

5.3.1 加倍人叫过一门花色

叫牌过程中你曾开叫或争叫过一门花色，下家接着叫无将并最后做3NT（或其他阶数的无将）定约。同伴如果仅有你所叫花色的双张或单张，有可能不首攻你叫过的花色，而采取其他保护性首攻。

但是，你持有该花色的A Q J 10× 并另有一个可靠的进手张，迫切希望同伴首攻你叫过的花色，哪怕是单张也希望他首攻出来。我们约定，只要最后进行加倍，强烈要求首攻叫过的花色。

例 5–4

东家发牌，南北有局，叫牌过程：

西	北	东	南
		1♥	1NT
/	3NT	×（!）	/
/	//		

```
                    ♠ 6 5
                    ♥ 8 3 2
                    ♦ A K 7 6
                    ♣ Q 10 6 2
    ♠ J 10 9 7 3         ┌─北─┐        ♠ K 8 4
    ♥ 7 6           西       东      ♥ A Q J 10 4
    ♦ 9 5 4 2        └─南─┘        ♦ 10 8
    ♣ 8 3                              ♣ A 7 5
                    ♠ A Q 2
                    ♥ K 9 5
                    ♦ Q J 3
                    ♣ K J 9 4
```

东家开叫 1♥，南家争叫 1NT，北家加到 3NT。如果东家不加倍，西家怕首攻 ♥ 东家被飞，可能会选择 ♠J 做"保护性首攻"，庄家进手后逼出东家的 ♣A 顺利完成定约。

叫牌过程中，东家对 3NT 进行加倍，指示西家首攻 ♥。西家只要不是缺门，首攻出东家叫过的花色 ♥，庄家就回天无力了。

5.3.2 首攻人叫过一门花色

如果在叫牌过程中西家曾经叫过一门花色，最后南家做庄打 3NT，西家有可能持有叫过花色的间张大牌而不敢首攻。

如果东家极力希望西家首攻他叫过的花色，解决的办法也是最后对 3NT 进行首攻指示性加倍，指示同伴首攻他自己叫过的花色。

5.3.3 首攻人和明手各叫过一门花色

如果西家（首攻人）和北家（明手）都曾实叫过花色，无论东家是否叫过牌，东家最后对南家的 3NT 定约加倍，都是指示西家**首攻明手叫过的第一门花色**，一般来说，东家应保证在明手所叫花色中有两个止张，而且对西家所叫的花色至少应有 J×、10× 或 9× 等支持。这样，西家首攻明手所叫的花色使东家进手后，可以打回西家的花色而穿攻南家的大牌。

例 5-5

南家发牌，南北有局

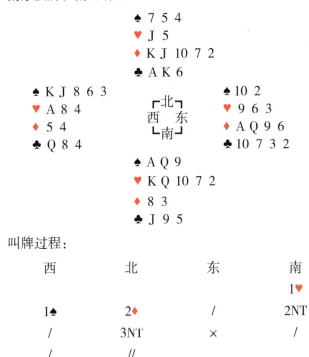

```
                    ♠ 7 5 4
                    ♥ J 5
                    ♦ K J 10 7 2
                    ♣ A K 6
    ♠ K J 8 6 3              ♠ 10 2
    ♥ A 8 4         北       ♥ 9 6 3
    ♦ 5 4        西    东     ♦ A Q 9 6
    ♣ Q 8 4         南       ♣ 10 7 3 2
                    ♠ A Q 9
                    ♥ K Q 10 7 2
                    ♦ 8 3
                    ♣ J 9 5
```

叫牌过程：

西	北	东	南
			1♥
1♠	2♦	/	2NT
/	3NT	×	/
/	//		

东家敏锐地感觉到，虽然定约方有 26 点左右大牌，但牌型的分布对他们极为不利——东家的 ♦A Q 9 6 在明手所叫的 ♦ 之后，南家的 ♠ 大牌又在西家的长套之前。这样，定约方的实力至少要减去一张 K 的价值，3NT 定约实难完成。但可怕的是，西家若从有间张大牌的 ♠ 套中首攻小牌，就可能使南家形成双止张，还可能在做好 ♠ 套之前西家手中的进手张早就被顶出来了。东家虽然能在 ♦ 中进手，却无第 3 张 ♠ 送回去，击败 3NT 定约就困难了。东家必须阻止西家首攻 ♠，而指示其首攻明手叫过的 ♦，解决的办法就是对 3NT 加倍！

在东家的正确指引下，西家首攻 ♦ 5，东家赢进后回出 ♠10，这样你来我往地穿梭，防守方取得 7 墩牌，将定约击败 3 墩。

如果没有东家的指示性加倍，西家即使不首攻♠，很可能是首攻未叫花色♣，这样就不能阻止南家完成 3NT 定约。

5.4　对约定叫的加倍

南家开叫 1NT，北家应叫 2♣，这是众所周知的斯台曼问叫，是虚叫。东家若持有坚强的♣套（例如♣K Q J × ×）可立即对北家虚叫的 2♣ 进行加倍，指示无论南家最后做什么定约，都希望西家首攻♣。

对方虚叫的花色，如果仅有长度而不够坚强，如持♣K J × × × 则不宜做加倍而自我暴露。例如在南家开叫 1NT 北家应叫 2♣ 后，♣ 花色类似于下面的分布并不少见：

♣ 5

┌北┐
西　东　　♣ K J 9 7 2
♣ 6 4 3　└南┘

♣ A Q 10 8

东家如果没有暴露过其♣长套，南家可能迟迟不敢动该花色，即使他大着胆子飞牌也只能得两墩♣。但东家若对北家的 2♣ 做过加倍，西家将首攻♣，并且以后每进手一次都可能忠诚地打出♣来。这样，南家将拿到四墩♣。对防守方来说，这个损失太大了！

在南家开叫 1NT 北家虚应叫 2♦、2♥、2♠（如雅各比转移叫等）后，东家若希望西家将来首攻北家虚叫的花色，也可立即加倍表示。这和上述加倍 2♣ 是一样的。

对虚叫的首攻指示性加倍不仅可以用在对方开叫无将后，而且在对方开叫花色后又做了约定性虚叫后也可使用。

另外对方虚叫花色的阶数在 4 阶及其以上，或者在寻求满贯定约中的各种虚叫（如对问 A 的回答等），防守方一家如果在上家虚叫的花色中有强大的实力（不一定是长套）也可使用首攻指示性加倍。同样，如果定约方在高阶采用扣 A 的叫法，下家在持有该花色的 K Q × 时也可立即加倍做首攻指示。

5.5　莱特纳加倍

对定约方正常叫到的满贯定约，如果能打宕的话通常只宕 1 墩，很少能宕 2 墩以上。即使防守方觉得有较大机会击败定约，在队式赛中通常也不应该加倍。因为打宕 1 墩在无局时仅多得 50 分（2IMP），有局时仅多得 100 分（3IMP）；如果定约方完成了被加倍的满贯定约，将至少多得 5IMP；如果被对方"再加倍"而完成满贯定约，将送对方 10 多个 IMP。

更为难堪的是，如果本来定约人采取常规打法完不成其满贯定约，但由于你的不当加倍提醒他采取非常规打法完成定约，在这副牌上可能会有约 20IMP 的出入。

因此，对定约方自愿叫成的边缘性满贯定约一般不应加倍！

那么对定约方自愿叫出的满贯定约，非首攻人的加倍就另有含义，这就是著名的**莱特纳加倍**（Lightner Double），这也是首攻指示性加倍的一种，指示首攻人做**非常规首攻**，从而击败这个在常规首攻下可能打不宕的定约。

莱特纳加倍总是在对方叫到满贯定约后由非首攻人做出的。根据专家的经验与理论，下面是莱特纳加倍后首攻人"不应该做的"和"应该做的"几条原则：

（1）禁止首攻将牌（这一条必须遵守）。

（2）不要首攻防守方叫过的花色。通常加倍者手中有一个缺门，希望首攻最可能将吃的花色（不管这门花色对方是否叫过）。

（3）如果只有一门花色未被对方叫过，不要首攻该花色（因为首攻未叫花色是常规打法）。

（4）如果防守方没有叫过牌，而定约方在除将牌之外只叫过一门其他花色（无论明手叫过还是定约人叫过），首攻该花色。

（5）没有其他明确的理由时，首攻明手叫过的第一门花色。

以上几条原则的优先级是由高到低的。做出首攻指示性加倍后，首先要遵守的是不能首攻将牌，也不要首攻防守方叫过的花色。

例 5-6

北家发牌，双方有局

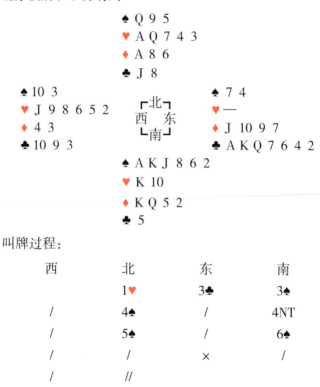

$$
\begin{array}{c}
\spadesuit\ Q\ 9\ 5 \\
\heartsuit\ A\ Q\ 7\ 4\ 3 \\
\diamondsuit\ A\ 8\ 6 \\
\clubsuit\ J\ 8
\end{array}
$$

♠ 10 3　　　　　　　　　　♠ 7 4
♥ J 9 8 6 5 2　北　　　　♥ —
♦ 4 3　　西　东　　　　♦ J 10 9 7
♣ 10 9 3　　南　　　　　♣ A K Q 7 6 4 2

♠ A K J 8 6 2
♥ K 10
♦ K Q 5 2
♣ 5

叫牌过程：

西	北	东	南
	1♥	3♣	3♠
/	4♠	/	4NT
/	5♠	/	6♠
/	/	×	/
/	//		

东家最后对 6♠ 定约加倍，要求西家不要首攻将牌、不要首攻东家叫过的 ♣，那么剩下的就只能表示其 ♥ 或 ♦ 为缺门。由于西家持有 6 张 ♥ 和 2 张 ♦，西家不难判断东家的 ♥ 是缺门。这里东家的缺门正好是明手叫过的花色。

如果南北的牌不变，东西的牌变为：

西家持牌 东家持牌

♠ 10 3 ♠ 7 4

♥ 5 2 ♥ J 9 8 6

◆ J 10 9 7 4 3 ◆ —

♣ 10 9 3 ♣ A K Q 7 6 4 2

前三轮叫牌过程不变，最后东家能否对 6♠ 进行加倍呢？完全可以！这个加倍，只是强调不要首攻将牌，不要首攻叫过的 ♣，那么剩下的就只能在两门红花色中选择。西家不难判断，同伴的加倍并不是一定要求首攻明手叫过的 ♥，西家根据自己所持的两门红花色的长度，不难做出首攻 ◆ 给同伴将吃的决定，而不是教条地首攻明手叫过的 ♥。

莱特纳加倍一般只用于花色满贯定约。对无将满贯定约，首攻指示性加倍一般只用来指示首攻明手所叫的第一门花色。这与对 3NT 定约的首攻指示性加倍相似。

例 5-7

南家发牌，双方有局

<pre>
                ♠ K J 9 7 6
                ♥ A Q J 7
                ◆ A 8
                ♣ K 5
  ♠ 10 3 2   北   ♠ A Q 4
  ♥ 8 4 3   西   东   ♥ 9 6 5 2
  ◆ 9 7 5   南   ◆ 6 3
  ♣ J 10 9 3   ♣ 7 6 4 2
                ♠ 8 5
                ♥ K 10
                ◆ K Q J 10 4 2
                ♣ A Q 8
</pre>

叫牌过程：

西	北	东	南
			1♦
/	1♠	/	3♦
/	3♥	/	3NT
/	6NT	×	/
/	//		

在这个叫牌过程中，东家最后对 6NT 的加倍，明确指示西家首攻明手叫过的第一门花色 ♠。

如果叫牌过程变为：

西	北	东	南
			1♦
/	1♠	/	3♦
/	4NT	/	5♠
/	6♦	?	

在这个过程中就不应该对 6♦ 加倍，因为对方改成 6NT 后将由东家首攻，而东家没办法对 ♠ 花色进攻。

第6章
防守基本信号

信号是防守方的语言。在打牌过程中防守方通过所打牌张点数的大小和先后次序与同伴合规地交换信息，"告诉"（或获得）同伴持牌的某些信息，从而推算出定约人手中持牌的某些情况，找到正确的防守路线。

桥牌中的防守信号有多种，最基本的信号是**姿态信号**（Attitude Signal）和**长度信号**（Length Signal）。姿态信号也叫作**态度信号**，长度信号也叫作**张数信号**。

6.1 姿态信号

姿态信号通常发生在同伴领出（首攻或转攻）一门花色的**顶张大牌**（A、K、Q）时，你是表示希望同伴继续攻该花色（欢迎）还是表示不希望同伴再攻该花色（不欢迎）从而转攻其他花色。这是最重要的防守信号之一。

早在惠斯特时期，牌手就使用先大后小的**回声信号**来表示"欢迎"。这通常在防守有将定约用来表示希望将吃时最为有效。

例 6-1

♠10 9 5

北
西　东
南

♠ A K J 4 2　　　　　　　♠ 8 3

♠ Q 7 6

南家做 4♥ 定约，西家首攻并连打 ♠A K，东家先跟 ♠8，后跟 ♠3，先大后小表示双张，这是传统的**大小信号**（High–Low Signal），也叫回声信号，表示欢迎，西家打第三轮 ♠ 给东家将吃。

持 Q 9 ×、J 8 ×、A 7 × 等牌，有时也可以先打较大的牌（第 2 张）表示有更大的牌"欢迎"。但这样的"欢迎信号"容易与双张信号混淆，甚至造成误解。如：

例 6–2

♦ J 6

┌北┐
西　东
└南┘

♦ A K 8 4 3 　　　　　　♦ Q 9 2

♦ 10 7 5

防守 4♠ 定约，西家首攻 ♦A，东家若跟 ♦9 表示"欢迎"，西家不能判断东家是如例 6–1 那样的双张，还是有 ♦Q。

例 6–3

♦ 8 7 5

┌北┐
西　东
└南┘

♦ K Q 10 4 　　　　　　♦ A 9 3

♦ J 6 2

防守 ♠ 定约，西家首攻 ♦K，东家若跟 ♦9，西家则无法确定是否应该继续攻该花色。

如果该花色的分布为：

例 6–4

♦ 8 7 5

┌北┐
西　东
└南┘

♦ K Q 10 4 　　　　　　♦ 9 3

♦ A J 6 2

西家首攻 ◆K，东家若跟 ◆9 表示双张，南家跟 ◆6 忍让（巴斯妙招），西家继续攻该花色就会吃亏。

传统的"先大后小"回声信号表示"欢迎"很朴素，也很容易被初学者接受和理解，但有时可能会损失一墩牌。

例 6-5

◆ Q 10 6

北
西　东
南

◆ A 7　　　　　　　　　　◆ K J 9 2

◆ 8 5 4 3

防守无将定约，假如防守已经到了紧要关头，必须一口气拿 4 墩才能击败定约（详见牌例 6-6 和 6-7）。现在该西家出牌，他果断地拔 ◆A，东家当然十分希望西家继续进攻 ◆，但他若打出 ◆9 表示欢迎，将损失一墩牌；若跟 ◆2，西家有可能认为"不欢迎"换攻其他花色而失去机会。

先跟大牌后跟小牌表示欢迎，不仅在有将定约中容易和双张信号混淆，而且在无将定约中还容易造成损失。因而，现在越来越多的牌手转为使用**倒大小信号**（Upside-Down Signal，也叫**反式信号**）。

6.2　倒大小信号

倒大小信号基本原理：出手中最小的牌表示该花色中有大牌（示强）；出较大的牌表示该花色没有有用的大牌（示弱）。

跟较大牌示弱（不欢迎）虽然表面上与传统的"大欢迎"相反，但事实上更合乎逻辑：既然对一门花色不感兴趣，那么手中像 7、8、9 这样的中级牌（甚至 10、J 这样的次级大牌）扔掉也在所不惜；而对一门花色如果感兴趣，跟出大牌可能会造成损失，特别是在无将定约中，跟大牌表示欢迎有时可能会损失一个赢墩。

如果使用倒大小信号，在例6-1中，西家首攻♠A（约定从 A K…中攻 A），东家跟♠8，既表示没有 Q（示弱），同时又表示双张。西家可以再打两轮♠给东家将吃。

在例6-2中，西家首攻♦A，东家跟♦2，表示有♦Q，西家如果希望东家进手，第二轮可以放心地打小♦。

在例6-3中，西家首攻♦K，东家跟♦3，西家则明白东家持有该花色的 A 或 J。

在例6-4中，西家首攻♦K，东家跟♦9表示双张，无论南家是用♦A 赢进，还是忍让，西家都不会上当，庄家的"巴斯妙招"失效。

在例6-5中，防守无将定约到了紧要关头，西家果断地拔♦A，东跟♦2，这是强烈的欢迎信号！西家再打♦7，一举顺利得到 4 墩♦。

倒大小信号在防守无将定约中的优越性已经被越来越多的牌手所认识，有些牌手虽然"革命不彻底"，在有将定约中仍然使用传统的大欢迎信号，但无将定约也大都改用"小欢迎"。

例6-6

南家发牌，双方无局

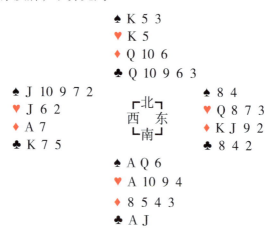

```
                    ♠ K 5 3
                    ♥ K 5
                    ♦ Q 10 6
                    ♣ Q 10 9 6 3
   ♠ J 10 9 7 2         北        ♠ 8 4
   ♥ J 6 2        西        东    ♥ Q 8 7 3
   ♦ A 7              南        ♦ K J 9 2
   ♣ K 7 5                         ♣ 8 4 2
                    ♠ A Q 6
                    ♥ A 10 9 4
                    ♦ 8 5 4 3
                    ♣ A J
```

叫牌过程：

西	北	东	南
			1NT
/	3NT	/	/
//			

西家首攻♠J，这通常是由 J 10 9 ×···中做出的首攻。东家打♠8，既表示♠中无大牌，又表示持有♠8× 双张。南家吃进后立即打♣A，并续出♣J。东家在第一轮♣上跟出♣2来，表示3张。西家为了看一下定约人或同伴的垫牌而忍让。定约人用明手的♣Q 超过并继续出♣，手中垫小♥。

西家用♣K 吃进，防守到了紧要关头。如果南家手中有♥A 和◆J，或♥Q 和◆K，则定约不可击败。无论定约人持什么牌，西家继续进攻♠ 肯定没有前途，当务之急是必须立即在两门红花色中取得4墩才能击败定约。这时西家若打♥，在南家持有♥A 的情况下防守立即失败。为了不错过东家持有◆K J 9 ×的机会，西家拔◆A！正中东家的下怀。

可是如果采用传统的大小信号，东家就陷入两难的境地：跟◆9 表示"欢迎"会损失一墩牌，跟◆2 又可能使同伴误认为"不欢迎"而改打♥。

使用倒大小信号，完全不会出现这样的尴尬局面。东家跟◆2，这是最小的牌，强烈希望西家继续打◆！

如果将上例稍加调整，成为：

例 6-7

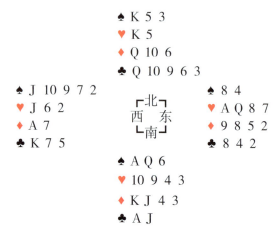

叫牌和前几轮的出牌与例 6-6 完全相同。西家 ♣K 进手后拨 ♦A，东家则跟出最大的 ♦9，强烈否定 ♦。西家只要懂得反式信号，就会立即转攻 ♥。当然，是出 ♥J 还是 ♥2，对西家仍是一个考验。如果西家贪心地出 ♥J，希望 ♥A Q 10 全在东家手上，则明手盖上 ♥K，东家就只能取两墩 ♥ 了。西家不应该对东家的持牌有过高的要求，只要东家有 ♥A Q × 就够了。西家打出 ♥2，表示 3 张有一大牌，无论明手是否出 ♥K，都不能阻止防守方取得 3 墩 ♥ 击败定约。

倒大小信号用于有将定约，通常可以完美地与张数信号配合使用。下面一例是有将定约中应用倒大小信号的一个范例。

例 6-8

北家发牌，南北有局

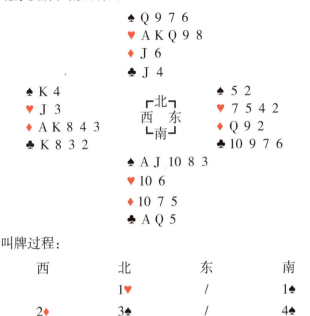

```
              ♠ Q 9 7 6
              ♥ A K Q 9 8
              ♦ J 6
              ♣ J 4

♠ K 4              北              ♠ 5 2
♥ J 3         西       东          ♥ 7 5 4 2
♦ A K 8 4 3        南              ♦ Q 9 2
♣ K 8 3 2                          ♣ 10 9 7 6

              ♠ A J 10 8 3
              ♥ 10 6
              ♦ 10 7 5
              ♣ A Q 5
```

叫牌过程：

西	北	东	南
	1♥	/	1♠
2♦	3♠	/	4♠
/	/	//	

西家首攻 ♦A（表示还有 ♦K）后，看到明手摊出了 4 张将牌和强大的 ♥ 套。从西家的角度来看，击败定约的希望在于拿两墩♦、一墩 ♠K，另一墩恐怕只能来自 ♣ 了。西家在将牌还有控制的情况下，立即换攻 ♣ 可能是正确的，这只要求东家持有 ♣Q 就可以了。

慢！西家的右手已触及 ♣3，却看到东家在第一轮 ♦ 上跟出了♦2 来。这张 ♦2 一定是表示东家在 ♦ 上有相关大牌，即有 ♦Q，或者 ♦2 是单张。西家第二轮续攻最小的 ♦3 作为花色选择信号（详见 10.3），使东家利用唯一的机会进手并打回 ♣ 来。这样防守方就可取得 4 墩牌。

如果西家在第二轮打出的不是 ♦3 而是 ♦8，则东家有可能误认为这张 ♦8 是要求东家打回 ♥ 的花色选择信号——尽管就本例而

言西家的 ♥ 缺门的可能性不大。

倒大小信号的好处有很多。以后我们会看到，倒大小信号配合张数信号，将形成一个完美的信号系统。

6.3 张数信号

张数信号（长度信号）也是基本的防守信号之一。当持有一门花色（非将牌花色）的两张及以上时，必要时可以通过所出牌张的次序向同伴传达张数信息。

张数信号基本原理：先出小牌后出大牌表示奇数（3，5，7）**张；先出大牌后出小牌表示偶数**（2，4，6）**张。**

我们的张数信号与传统的张数信号形式上完全一致。在本信号体系中，张数信号可以广泛应用在首攻、跟牌及垫牌时，而且可以和姿态信号分别使用或同时使用而不造成混淆。

本信号体系是建立在倒大小信号的基础上的。你若还没有和同伴形成成熟的信号系统，建议你从现在开始，与同伴共同试用本书介绍的信号系统；如果你对传统信号已经非常熟悉，相信改用本系统后会更加得心应手。

第7章
计数首攻

7.1　长四首攻与十一法则

　　无论防守有将定约还是无将定约，从一门缺乏连张大牌的长套中首攻小牌很正常。过去（乃至目前）许多牌手都首攻长套花色从大到小的第 4 张，这便是牌手普遍知道的**长四首攻**。

　　无论 4 张套、5 张套还是 6 张以上套，首攻第 4 张后，用 11 减去首攻牌张的号码，所得的差就是除首攻人外其余三家手中比首攻牌张大的牌，这便是常说的**十一法则**。

　　由于所有人都能看到明手的牌，第三家（首攻人的同伴）可以使用十一法则计算出定约人手中有几张比首攻牌张的号码大的牌；同样，定约人也可以计算出第三家手中有几张比首攻牌张大的牌。

　　例 7-1

♥ J 8 5 3

北
西　东
南

♥ A Q 10 7　　　　　　　　　　♥ K 9 6

♥ 4 2

　　防守 3NT 定约，西家首攻♥7（长四）。东家可以算出：11-7=4，北家、东家和南家一共有 4 张牌比♥7 大。现在东家能看到自己和明手的牌中，已经有 4 张比♥7 大，因此，可以推算出庄家手中只有 1 张或 2 张小牌。如果定约人不出明手的 ♥J，东家无须出 ♥K。

长四首攻是传统的"标准打法"。长四首攻的优点是便于第三家使用十一法则，其缺点是不能明确表示首攻出自 4 张套还是 5 张（或更长的）套。渐渐地，长四首攻就演变成长三首攻或长五首攻，并被越来越多的牌手所采用。

7.2 长三长五首攻

使用长四首攻，无论 4 张、5 张以及 6 张以上套都首攻第 4 张，同伴难以判断首攻是出自 4 张还是 5 张甚至更长的套。有时，正确区分长套首攻是出自 4 张还是 5 张是至关重要的。因而计数首攻信号便应运而生。

计数首攻基本原理：首攻最小牌，表示 3 张或 5 张（奇数张）；首攻次小牌，表示 4 张或 6 张（偶数张）。也就是说，从（有大牌的）3 张或 4 张套中首攻，总是攻第 3 张；5 张或 6 张套，总是首攻第 5 张。这便是长三或长五首攻，简称**长三五首攻**。

例 7-2

```
                    ♠ J 3
                    ♥ Q 8 2
                    ♦ A Q J 8 7
                    ♣ 4 3 2
  ♠ K 10 8 6 4        ┌─北─┐        ♠ A 5 2
  ♥ 7 6            西  │    │  东     ♥ 10 9 5 4
  ♦ 5 4 3 2          └─南─┘        ♦ K 6
  ♣ K 7                            ♣ J 10 9 6
                    ♠ Q 9 7
                    ♥ A K J 3
                    ♦ 10 9
                    ♣ A Q 8 5
```

例 7-3

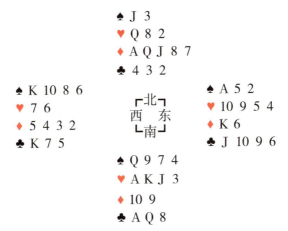

以上两例中，南家都开叫 1NT，北家加叫到 3NT。如果采用传统的长四首攻，西家都首攻 ♠6，东家出 ♠A，南家均跟 ♠7（在例 7-3 中南家有意隐藏 ♠4），东家不能正确判断是继续攻 ♠ 帮同伴做好该花色还是转攻 ♣。

事实上，在例 7-2 中，东家应继续打 ♠5（保留 ♠2 在手中表示原来是 3 张）西家忍让一轮；在例 7-3 中，东家应 ♠A 进手立即转攻 ♣J。如果是传统的长四首攻，实战中东家到底怎么打，就全靠猜测或灵感了。

但是，如果使用计数首攻信号，例 7-2 中西家首攻最小牌 ♠4，东家应能明白，这一定是出自 5 张套。东家 ♠A 赢进后打 ♠5，西家忍让。定约人早晚要飞 ♦ 进入东家手上。东家再打 ♠2 击败定约。

在例 7-3 中，西家首攻 ♠8，这肯定不是"长五"（否则西家应从 ♠K Q 10 9 8 中攻 ♠K），而是"长三"，南家手中有 4 张 ♠ 且有两张大于 ♠8 的牌，♠ 花色已经没有任何前途。东家果断地以 ♠A 吃进并转攻 ♣J，将定约击败至少一墩。

如果使用传统的长四首攻，以上两例中东家就无法做出正确的判断和精彩的表演了。

诚然，长三长五首攻存在"两张差异"，但一般情况下这都能通过叫牌分析出来。另外，由于长三首攻一般都是6、7、8一类的中级牌，而长五首攻多是2、3、4、5一类的极小牌，第三家根据自己的牌和明手的牌，是很容易判断同伴的首攻出自几张套的。

持有6张也首攻长五（倒数第2张）。在上例中，如果♠的分布为：

♠ J 7

┌北┐
西　东
└南┘

♠ K 10 8 6 4 3 　　　　　　　　　 ♠ A 5 2

♠ Q 9

西家首攻♠4，东家上♠A并续出♠5，当南家跟出♠9、♠Q后，西家立即取得所有的♠赢墩。

长五首攻中，十一法则演变为**十法则**。在例7-2中，西家首攻♠4，10-4=6，东家能算出，南家手中有3张♠且全比♠4大。

长三首攻中，十一法则演变为**十二法则**。例7-3中，西家首攻♠8，12-8=4，东家能算出，南家手中有4张♠且有两张比♠8大。西家的首攻应该出自 K Q 8 ×、K 10 8 ×、Q 10 8 ×、K 9 8 ×、Q 9 8 × 等结构。

7张套一般不首攻小牌。如果必须首攻小牌的话，也攻最小牌。

7.3　计数助攻

在叫牌过程中同伴叫过一门花色，或者根据对方的叫牌能够判断同伴持有一门4张以上较好的花色，如果你持这门花色双张，无论有没有大牌，总是按先大后小的次序，首攻最大牌；如果你持有3张，且有一张10以上的大牌和两张小牌，首攻最小牌进行助攻。持 J 10×、10 9× 等相连两张中级牌时，首攻最大牌，希望穿过明手可能有的 K 或 Q。

如果在叫牌过程中，以 4 张支持过同伴，则仍然首攻"长三"表示有一张大牌的助攻。如果只有三四张小牌，则可采用首攻最大牌，例如持有 8 6 3（2），首攻 8，这是"上无大牌"的打法。

例 7-4

西家发牌，双方无局

```
                    ♠ 10 6
                    ♥ Q 10 8 3 2
                    ♦ J 5
                    ♣ A K 7 6
   ♠ K 7 2                          ♠ A J 9 5 4
   ♥ 7 6            ┌─北─┐          ♥ A 9 5 4
   ♦ Q 4 3 2       西    东          ♦ 7 6
   ♣ 10 9 5 3      └─南─┘          ♣ Q 8
                    ♠ Q 8 3
                    ♥ K J
                    ♦ A K 10 9 8
                    ♣ J 4 2
```

叫牌过程：

西	北	东	南
/	/	1♠	2♦
2♠	×	/	2NT
/	/	//	

南家主打 2NT 定约，西家首攻 ♠2，表示 ♠ 为有一张大牌领头的 3 张套。东家由于持有进手张 ♥A，故立即打出 ♠A，并续打 ♠J 来铲掉明手的 ♠10。南家放小牌，西家现在手中只有 ♠K 7 两张，是跟 ♠7 把 ♠K 留在手中（从而造成堵塞），还是用 ♠K 超打同伴的 ♠J 再打回 ♠ 呢？

西家只能跟 ♠7。因为叫牌和前两轮的打牌均表明，♠Q 在南家手中，而东家肯定有进手张（否则东家应在第一轮上 ♠J 或 ♠9），西家扔掉 ♠K 只能解放南家的 ♠Q 而并不能起到解封的作用。相反，扔掉 ♠K 后防守方总共只能拿到 4 墩 ♠ 和 1 墩 ♥A 而不足以击败定约。但如果西家留着 ♠K 在手，不让定约人的 ♠Q 成为赢墩，则定约人无法完成定约。东家再打手中剩下的最大的 ♠9（表示进手张在级别较高的花色 ♥ 上），西家 ♠K 赢进后转打 ♥，防守方一举拿到 6 墩击败 2NT 定约。

7.4 中大小首攻

如果在叫牌过程中同伴叫过一门花色，你没有支持过；或者同伴虽然没有叫过牌，但你从对方的叫牌信息中了解到同伴有一门较好的花色，你持有诸如 9 6 3 这样的 3 张小牌，如何进行首攻？

首攻 3 容易使同伴误认为你有一张大牌，首攻 9 又容易被误认为双张。对此，不同的搭档可能有不同的约定。一种意见认为，仍然首攻最小牌，表示 3 张，可能（但并不保证）有一张大牌；另一种意见是采取**中大小**（MUD）打法：首攻中间张，表示无大牌支持，下轮跟出最大牌，先小后大表示还有第 3 张。

无论同伴是否叫过这门花色，如果必须从这样的 3 张小牌中进行首攻，我们推荐中大小打法。如果支持过同伴的花色但没有大牌，建议首攻最大牌（大中小打法）。

任何时候，如果决定从双张花色中做首攻，一律攻大牌，按先大后小打出张数信号，除非你故意打假信号，以假乱真蒙骗庄家（同时也把同伴蒙骗了）。

我们的首攻信号与张数信号完全一致，从计数首攻的第一张牌，同伴通常都能判断出是出自几张套。

第8章
无将定约的首攻与信号

防守无将定约的首要任务是抢在定约人树立足够的赢墩之前建立防守赢墩。

当在某一花色中有很强的实力时，要主动进攻该花色，连续兑现大牌或逼出定约方的大牌，再进手后就可以兑现该花色其余的赢张；如果持有一个长套但没有坚强的大牌连张，可以首攻小牌，期待同伴有一定的帮助；当同伴叫过一门花色（或从对方的叫牌可以判断同伴持有一个长套）时，可以首攻该花色进行"助攻"；首攻人如果持有防守方的大部分大牌且牌型平均、牌点分散，处于"孤军奋战"的状态，可以进行保护性的"消极首攻"。

8.1　无将定约长套连张大牌首攻

假设南家开叫 1NT，北家加叫到 2NT，南家接受邀请而叫 3NT 进局。你是西家，持有 ♥A K 10 5 3 这样的 5 张套，是否首攻 ♥ 呢？

肯定会的！但首攻哪一张呢？

初学者可能会首攻 ♥A 或 ♥K，企图将定约方的 ♥Q 和 ♥J 全部击落。其实错了，定约方明暗两手都只有双张 ♥ 的机会是相当小的，该花色最典型的分布大致如下：

♥ J 8 4

♥ A K 10 5 3　　北
　　　　　　　西　东　　♥ 9 7（2）
　　　　　　　　南

♥ Q 6（2）

如果西家连打 ♥A、K 并再打一张小 ♥ 将该套做好，则定约人只要避免以后西家进手，定约一般来说都是安全的，因为即使再送给东家两墩牌，他进手后已经没有 ♥ 可以打回给西家了。

但是，如果西家一开始就首攻一张小 ♥，先让定约人得 1 墩 ♥ 会怎么样？给定约人制造了极大的困难！他只要再脱手，无论防守方哪一家进手，都将能兑现西家手中的所有 ♥。所以有经验的牌手持 A K 10 × × 这样的 5 张套甚至 6 张套都会首攻一张小牌的。同样，持 K Q × × ×（×）这样的 5（6）张套也通常首攻小牌。

如果你所持的长套中有 3 张相连大牌（或仅间隔 1 张），则首攻大牌的效果是非常好的。如果在首攻大牌的同时发出表示连张类型的信号，从而使同伴及时反馈你所需的信息，则对制定正确的防守路线更为有利。本节我们将对无将定约中不同类型的长套连张大牌做不同的首攻约定，并对第三家在各种情况下打信号的方法和含义给予明确的规定。如果我们不给出叫牌过程或未加说明，都认为防守方没有叫过牌（或仅首攻人叫过首攻花色）。

8.1.1 首攻 A

我们约定，防守无将定约首攻 A，通常有如下两种情况：

① A K Q × …，3 个顶张大牌的 4 张以上套；

② A K J × …，有 A K 缺 Q，但有 J 的 4 张以上套。

一般来说，无将定约，如果一门花色只有 A、K，缺 Q 少 J，不宜首攻大牌。当然，如果从叫牌得知定约方不可能持有该花色 4 张以上，而你除了这个 A、K 领头的长套以外，还有肯定的进手张，也可以首攻 A 而连续进攻该花色三轮肃清该花色，待以后进手兑现其他赢墩。

持 A、K、Q 三个顶张大牌领头的 4 张以上套的机会很少，因此首攻 A 通常是有 K 和 J 而缺 Q。第三家通常根据是否持有 Q，打姿态信号。

例 8-1

♥ 6 5

♥ A K J 2　　北　　♥ Q 4 3
　　　　　西　东
　　　　　南

♥ 10 9 8 7

西家首攻 ♥A，东家跟最小牌 ♥3 示强，西续打 ♥2，就可以连续兑现 4 墩 ♥。

例 8-2

♥ 5 4 3

♥ A K J 9 2　　北　　♥ 8 6
　　　　　西　东
　　　　　南

♥ Q 10 7

西家首攻 ♥A，东家只有双张，跟最大 ♥8 发出示弱信号（无♥Q）。西家应当转攻其他花色，待东家以后有机会进手打回 ♥，将南家的 ♥Q 活捉。

例 8-3

♥ 5 4

♥ A K Q 7 2　　北　　♥ 8 6 3
　　　　　西　东
　　　　　南

♥ J 10 9

西家首攻 ♥A，东家没有 ♥Q，但有 3 张小牌，可以打出较大的的 ♥6 示弱。西家再打一张大牌，东家从剩余的 ♥8 3 双张中跟 ♥8，将最小的 ♥3 留在手中。这是中大小打法，同时表达了姿态信号和张数信号，使西家知道南家仅有 ♥J 10 9，而将其击落。

例 8-4

♥ Q 5 4

┌北┐
♥ A K J 2　　西　东　　♥ 9 6 3
└南┘

♥ 10 8 7

西家首攻 ♥A。由于 ♥Q 在明手，东家无须打态度信号，直接打 ♥3 作为张数信号，使西知道这门花色是 4333 分布。

例 8-5

♥ 6 5 3

┌北┐
♥ A K J 7 2　　西　东　　♥ Q 4
└南┘

♥ 10 9 8

西家首攻 ♥A，明手有 3 张小牌，东家可以扔掉 ♥Q 进行解封，免得这门花色阻塞。

例 8-6

♥ 10 6 5 3

┌北┐
♥ A K J 7 2　　西　东　　♥ Q 4
└南┘

♥ 9 8

西家首攻 ♥A，现在明手有 4 张 ♥ 且有 10，东家如果扔掉 ♥Q 则明手的 ♥10 形成止张。这时只能出小牌，希望西家另有进手张。

从例 8-6 我们还看到，防守无将定约，即使持有 ♥A K J 领头的 5 张套，当没有其他进手张时，首攻小牌有可能是正确的。

8.1.2 首攻K

防守无将定约，我们约定，持 K Q J × … 或 K Q 10 × … 等4
张以上套时首攻K。首攻K表示一定有Q但没有A，而J和10这
两张牌至少有一张。

对首攻人来说，该花色的A是最关键的牌，其次是J或10。
如果第三家持有这三张牌之一，对同伴无疑是极大的帮助，因而
第三家首先应发出姿态信号。

例 8-7

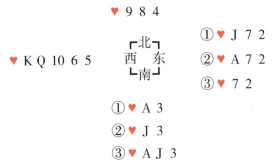

①♥ J 7 2
②♥ A 7 2
③♥ 7 2

①♥ A 3
②♥ J 3
③♥ A J 3

西家首攻♥K，东家持牌为①②时跟♥2示强，表示持有♥A
或♥J。持牌为③时跟♥7示弱，南家可能采用巴斯妙招忍让而跟
出♥3，但西家不会上当。

例 8-8

♥ A 8

♥ K Q J 5　　北
　　　　西　东　　♥ 10 4 2
　　　　　南

♥ 9 7 6 3

西家首攻♥K。无论定约人是否出明手的♥A，东家都应跟♥2
表示有♥10。

例 8-9

♥ 8 5

┌北┐
西　东
└南┘

♥ K Q 10 4　　　　　　　　♥ 9 7 3

♥ A J 6 2

西家首攻 ♥K。东家不持有 ♥ 大牌，应示弱。东家按中大小打法第一轮跟出中间张 ♥7 示弱。南家可能忍让而跟 ♥2 或 ♥6。但西家应该看到，还有两张比 ♥7 小的牌未露面，东家的 ♥7 应是示弱信号。西家转攻其他花色。东家以后得到出牌权时，再打出 ♥9 穿过庄家手中的 ♥J。

例 8-10

♥ 9 7 5

┌北┐
西　东
└南┘

♥ K Q 10 4　　　　　　　　♥ 8 3 2

♥ A J 6

西家首攻 ♥K。东家持有 ♥8 3 2 三张，由于 ♥3 太小，不宜用来打"中大小"信号。东家打出最大牌 ♥8 来示弱。东家以后有机会出牌时再打出 ♥3（不能出 ♥2）。无论南家用 ♥A 赢进第二轮 ♥ 还是出 ♥J，两轮打过后，还有一张 ♥ 小 2 未露面，西家应该估计到该牌在同伴手中。如果东家第二轮出的是最小牌，必是双张无疑。

这种大中小的打法是中大小打法的变通。大中小打法在表示张数方面的信息上没有中大小清楚，但在表示姿态方面的信息上则比中大小准确。

例 8-11

西家首攻 ♥K。这次东家持 4 张小牌，可跟第 2 张 ♥6 来示弱。
西家持有 ♥K Q J 当然可以再打第 2 张 ♥ 大牌，东家则跟出最小
牌 ♥2（从剩余的 3 张中出最小牌），这种先大后（最）小的打法
表明了持双数张，如果东家希望在第四轮 ♥ 上进手出牌，可一直
把 ♥8 保留到最后；如果东家希望最后由西家出牌，可在第三轮 ♥
上扔出最大牌 ♥8。

持 4 张小牌时示弱信号与张数信号是完全一致的，先出第 2
张，再出最小牌。同样，持双张小牌时示弱信号与张数信号也完
全一致，总是先跟大牌后出小牌。

例 8-12

♥ A 10 3

♥ K Q J 2　　北　　　　♥ 8 7 4
　　　　西　东
　　　　　南

♥ 9 6 5

西家首攻 ♥K。由于 ♥A 10 全在明手，东家知道西家的 ♥K 一
定是出自 K Q J × … 套，西家也知道东家一定无 ♥ 大牌，因而东
家再打示弱信号已属多余，在这种情况下，东家简单地打出张数
信号。当东家在第一轮跟出 ♥4 后，西家立即明白该花色为 4333
分布。

例 8–13

♥ 9 7 5

♥ K Q 10 8 2　　┌北┐
　　　　　　　　西　东　　♥ A 6
　　　　　　　　└南┘

♥ J 4 3

同伴首攻 K，如果第三家只有 A × 双张，当明手没有 J 时，一般情况下应该用 A 超打同伴的 K 并打回小牌。

8.1.3 首攻 Q

与首攻 K 相似，持 Q J 10×…、Q J 9×…等 4 张以上套时首攻 Q。首攻 Q 一定没有 A、K，一定有 J，而 10 或 9 这两张必有其一。这两种结构的力量相近，只有该花色的 10 在明手时才有差别。但这时第三家能看到明手的 10，一定知道同伴首攻的 Q 是出自 Q J 9×…结构。

首攻 Q 后所需的第一信息是同伴是否有该花色的 A 或 K。因此第三家首先给姿态信号，有 A 或 K 时示强，没有时示弱。当明手的牌表明第三家不可能有大牌时改打张数信号。

例 8–14

♥ 8 4

♥ Q J 9 6 2　　┌北┐
　　　　　　　　西　东　　♥ A 5 3
　　　　　　　　└南┘

♥ K 10 7

西家首攻 ♥Q，东家跟 ♥3 示强。无论南家是否上 ♥K，西家下轮再打该花色时可放心地出小牌。

例 8-15

♥ A 4 2

♥ Q J 10 6 　　北 　 ♥ K 5 3
　　　　　　 西　东
　　　　　　　 南

♥ 9 8 7

西家首攻 ♥Q。无论定约人是否明手出 ♥A，东家都将跟出 ♥3 来示强，显示有 ♥K。

例 8-16

♥ A K 4

♥ Q J 9 6 5 　 北 　 ♥ 8 7 3
　　　　　　 西　东
　　　　　　　 南

♥ 10 2

西家首攻 ♥Q，由于 ♥A、K 全在明手，无论定约人从明手出哪张牌，东家都将打出 ♥3 表示 3 张，这样西家便知道定约人暗手只有双张 ♥，从而再打 ♥ 时出 ♥J 将南家手中 10 铲掉。

例 8-17

♥ K 8 4

♥ Q J 9 6 2 　 北 　 ♥ 10 7 3
　　　　　　 西　东
　　　　　　　 南

♥ A 5

西家首攻 ♥Q。东家的 ♥10 对西家树立该花色具有一定的帮助，因而跟 ♥3 示强。

如果对同伴首攻的花色没有任何帮助（不持有 A、K 或 10），应及时发出示弱信号。示弱信号的方法与同伴首攻 K 后一样：双张总是先出大牌；3 张按中大小或大中小来打；4 张总是先出第 2 张，第二轮出最小牌。

例 8-18

♥ 6 4

```
   ┌北┐
  西   东
   └南┘
```

① ♥ 8 3
② ♥ 8 7 3
③ ♥ 8 3 2
④ ♥ 8 5 3 2

首攻 ♥ Q

西家首攻 ♥Q。东家持牌为①、③时跟 ♥8；持牌为②时跟 ♥7；持牌为④时跟 ♥5。

如果首攻的花色明手有 3 张以上小牌而东家有 A × 或 K × 双张，必须超打同伴的 Q 并再打回该花色以防堵塞。

例 8-19

♥ 8 7 4 3

♥ Q J 10 9 6
```
   ┌北┐
  西   东
   └南┘
```
♥ A 5

♥ K 2

西家首攻 ♥Q，南家持 ♥K× 时肯定是一个止张，东家的 ♥A 可不能再成为 "第二个止张"。

例 8-20

♥ 8 4 3

♥ Q J 9 7 6
```
   ┌北┐
  西   东
   └南┘
```
♥ K 5

♥ A 10 2

西家首攻 ♥Q，东家若不用 ♥K 超打，第二轮 ♥ 将堵塞在东家手上。

因此同伴首攻 Q，第三家有 A × 或 K × 双张时，通常应该超打同伴的 Q 并打回第 2 张。

8.1.4 首攻 J

一般情况下，首攻 J 表示出自 J 10 9 ×…或 J 10 8 ×…等 4 张以上套。这两种情况相差甚微，我们通常不必关心那张 9 在哪一家。

偶尔，持有 A Q J × ×…时也可以首攻 J，其目的是逼出定约方的 K 后仍与同伴保持着联通。这种结构的牌力与通常情况下首攻 J 领头的套的实力相差甚远，第三家一般情况下总是能区别出来的。当区别不出时应假设同伴首攻的是 J 领头的套。

从 J 领头的套中首攻 J 的进攻性没有首攻 K 或 Q 领头的套那么强。有时这种首攻纯属保护性的，例如从 J 10 9 ×、J 10 8 × 等 4 张套中首攻 J 肯定不会吃亏，待明手的牌摊开后还可以进一步研究对策。

首攻 J 领头的套后所需的信息以及发信号的方法仍然与首攻 K 或 Q 后相似：第三家首先发出表示是否有大牌支持的姿态信号；当明显不可能有大牌时发张数信号。

例 8-21

♥ K 3

┌北┐
♥ J 10 9 7 5　西　东　♥ Q 8 2
└南┘

♥ A 6 4

西家首攻 ♥J。除非东家极其希望西家转攻其他花色，都应该打出 ♥2 来示强。

例 8-22

♥ K 5 2

┌北┐
♥ J 10 8 6　西　东　♥ 7 4 3
└南┘

♥ A Q 9

西家首攻 ♥J。无论定约人从明手出哪张牌，东家都跟 ♥7 来示弱。

例 8-23

♥ Q 2

```
      ┌北┐
♥ J 10 8 6 4   西  东   ♥ 9 5 3
      └南┘
```

♥ A K 7

西家首攻 ♥J，明手上 ♥Q。东家如果有 ♥ 大牌肯定会盖打明手的 ♥Q，因此无大牌时可发张数信号。东家跟出 ♥3 表示 3 张。西家绝对不应该把 ♥3 看成"示强"信号。当然，如果明手不出 ♥Q，东家只能跟出 ♥9 或 ♥5 来示弱。

第三家持 Q ×、K × 或 A × 双张时，往往应该超打同伴所首攻的 J 并打回该花色，当从明手的牌来看超打肯定会造成损失时除外。

如果情况紧急，第三家持有 A ×（×）时，还可以用 A 超打同伴所首攻的 J 后转攻新花色。

下面讨论从 A Q J × ×…套中首攻 J 后第三家发信号的方法。

首先应该指出，防守无将定约持有这样的套并首攻的机会是不多的。第三家可从以下几个方面来判断同伴首攻的 J 是否出自 A Q J × ×…套：①能见到该花色的 Q 或 A（在自己手中或明手），同伴的首攻肯定是出自 J 领头的套而不是出自 A Q J × ×…；②同伴叫过该花色，而见不到该花色的 Q 和 A，同伴的首攻通常出自 A Q J 结构；③无论同伴是否叫过该花色，只要见不到该花色的 Q 和 A 且能见到该花色的 10，那么同伴的首攻一定是出自 A Q J 结构。

确认以后第三家打信号的方法很简单：有 K 时打最小牌示强，无 K 时打较大牌示弱。当只有 K × 双张时，用 K 盖 J 并打回去。

例 8-24

♥ 10 4 2

♥ A Q J 8 3　　北　　♥ K 5
　　　　西　东
　　　　　南

♥ 9 7 6

西家首攻♥J，东家用♥K超打后打回♥5，连取 5 墩 ♥。

例 8-25

♥ 10 4

♥ A Q J 8 3　　北　　♥ 9 7 2
　　　　西　东
　　　　　南

♥ K 6 5

　　西家首攻♥J，东家跟♥7 作为中大小信号的开始。南家如果用♥K 吃进，以后无论东西哪一家进手，都可以再兑现西家的 4 墩♥。南家要是胆敢忍让，西家如果有肯定的进手张，也可再打一张小♥而送南家一墩；西家如果没有进手张，将转打其他花色，待东家以后进手将♥K 活捉。

8.1.5 首攻 10

　　我们约定，持 A J 10 ×× … 或 K J 10 ×× … 等 5 张以上套时首攻该花色的 10。另外，持 10 9 8 × … 甚至 10 9 ×× … 等 4 张以上套时也可首攻 10。

　　第一种情况，首攻 10 是进攻性的。首攻者手中一定持有该花色的 J，同时有 A 或 K 之一，而一定没有 Q；第二种情况首攻 10 领头的套是保护性的，表明手中无该花色的花牌，同时也暗示了其他花色可能有大牌而不适宜首攻。第三家根据自己所持的牌、明手的牌以及叫牌过程，是不难区分同伴首攻的 10 是出自什么结构的。

从 A J 10 × × … 或 K J 10 × × … 中首攻 10 表示缺 K Q 或 A Q 两个顶张大牌，所需的第一信息是同伴手中是否有一张大牌。第三家首先应发出是否有大牌的姿态信号，如果从明手的牌来看第三家不可能有大牌则改打张数信号。

例 8–26

♥ 6 4 2

♥ A J 10 8 3 　┌北┐
　　　　　　西　东　　♥ K 5
　　　　　　└南┘

♥ Q 9 7

防守 3NT 定约，西家首攻 ♥10，东家用 ♥K 盖过，并打回 ♥5，连续取得 5 墩。

从 10 9 × × 中首攻 10，几乎没有杀伤力，这时 A K Q J 四张花牌全在外，只有同伴在该花色中有相当实力时才能给对方造成威胁。同伴若仅有一张 K 或 Q 时不仅起不了作用，反而使庄家得到一个便宜的自然飞。因而若有其他套可选择，通常不首攻 10 领头的套。

从第三家的角度来看，同伴既然选择了首攻 10 领头的花色必然有其原因。这不外乎于：①无其他长套；②从其他花色诸如 A Q … 或 K J … 等套中首攻危险性太大；③有充足的进手张可能做出该花色的赢墩来。因而第三家要根据自己所持的牌、明手的牌以及叫牌过程进行判断，做出帮助同伴攻打该花色还是转攻其他花色的决定。

例 8–27

♥ A J 3

♥ 10 9 8 6 　┌北┐
　　　　　　西　东　　♥ K 7 2
　　　　　　└南┘

♥ Q 5 4

西家首攻 ♥10，明手出 ♥3。这时东家有三种打法：①通常情况下跟出 ♥2 来示强，表示有 ♥K 或 ♥Q，并希望以后同伴继续进攻该花色；②虽持有 ♥K 也可跟出 ♥7 来"示弱"，表示对该花色不感兴趣，这样同伴以后就可能转攻其他花色；③立即用 ♥K 赢进，并转攻其他花色。东家究竟应该采取什么打法，需根据叫牌及明手的牌进行分析。

8.1.6 首攻 9

与首攻 10 相似，在下列两种情况下可以考虑首攻 9：①持 A 10 9 × ×…、K 10 9 × ×…、Q 10 9 × ×… 等"后连张"；②持 9 8 × ×…。第一种情况下首攻 9 表示一定有 10 和一个顶张大牌（A、K、Q 之一），但没有 J，也是属于进攻性的，其杀伤力虽不及首攻 10 那么强（缺 3 张大牌），但第三家有 J × ×、Q × ×、K × × 或 A × × 等支持时，一般情况下总是要帮助同伴树立该花色的；第二种情况下首攻 9 纯属消极性首攻，第三家如果有一（两）张大牌，你的首攻会送给定约人一个自然飞，因而一般情况下没有充分的理由不选择这样的首攻。

从后连张结构中首攻 9，通常出自 5 张套，一定有 10 和一个顶张大牌。如果叫牌表明该花色是定约方最薄弱的花色，那么仅持 Q 10 9 × 这样的 4 张套也可以首攻 9。

从第三家的角度来看，只要没有见到该花色的 10，就可以认为它在同伴手中，因而一定是出于后连张首攻。这时第三家打信号的方法与前述其他大牌首攻后相似：不持有大牌时打示弱信号，持有一张大牌领头的 3 张时打最小牌示强；持有一个顶张大牌的双张时视情况可超打同伴的 9 并打回该花色。只有在极特殊的情况下，才可不按上述原则打信号。

另外，从 9 8 ×… 中首攻 9 是消极的，有时也能起到助攻的作用。

8.1.7 无将定约长套连张首攻总结

为便于理解和记忆连张大牌的首攻方法，我们把连张大牌进行分类：

（1）**三连张**：A K Q、K Q J、Q J 10、J 10 9 等。

（2）**前连张**：A K J、K Q 10、Q J 9、J 10 8 等（前两张相连，第 3 张与第 2 张间隔一张牌）。前连张也称**外连张**。

（3）**后连张**：A Q J、A J 10、A 10 9、K J 10、K 10 9、Q 10 9 等（第 3 张与第 2 张相连，第 1 张与第 2 张至少间隔一张）。后连张也称**内连张**。

在这些连张类型中，前连张与三连张的作用相似，因而我们的首攻信号也相同——**三连张和前连张首攻最大牌**；后连张的作用不及前连张那么强，需要同伴一定的支持，我们约定**后连张首攻第 3 张牌**。也就是说，首攻一张大牌，要么是最大牌，要么是上面还有两张大牌，其中一张相连，另一张更大的牌与第 2 张相间。这种首攻约定称为 **02 首攻**。

对于后连张（内连张），传统的首攻方式首攻第 2 张大牌，即 A J 10、K J 10 等首攻 J，A 10 9、K 10 9 等首攻 10。这样其首攻的大牌表示是最大的牌或者上面还有一张间隔的大牌，即 **01 首攻**。目前新睿桥牌中使用的仍然是这种传统的 01 首攻。

从三连张或前连张中首攻最大牌，都要求同伴首先打出表示有无大牌的姿态信号。当所缺的大牌全在明手或明手用 K、Q、J 等大牌盖打时，第三家明显无大牌时发张数信号。

持有前连张首攻最大牌后仍留下间张在手，保留了提住定约人手中可能有的另一张大牌的机会。

同样，持后连张时首攻第 3 张后仍留有间张在手，因而同伴有一张顶张大牌时可超打你首攻的牌后再打回该花色，从而提住定约人手中的另一张大牌。

从 J、10 或 9 领头的连张中首攻最大牌，属于保护性的消极首攻。

8.2 无将定约计数首攻

防守无将定约，持有 4 张以上长套而没有合适的连张大牌，通常首攻该花色的小牌，希望同伴有一两张大牌协助其树立该花色。

根据计数首攻原理，首攻"长三"或"长五"：4 张套和 6 张套首攻倒数第 2 张，5 张套首攻最小牌。

首攻小牌以后，第三家一般根据"三手高"的原则出大牌，因而不存在信号问题。如果第三家有两张"等值牌"，一般出其中较小的牌。

有时，持有一门花色的一张大牌和两张小牌，如果从叫牌可以判断出该花色不是定约方的长套（从而推测是同伴的长套），也可以首攻该花色。从有一张大牌的 3 张套中首攻，总是攻最小牌，这是典型的"助攻"。

无将定约长三或长五首攻，同伴很容易判断出首攻人的张数。

有些 4 张套结构，例如 A Q 10 ×、K J 9 × 等，首攻第三张大牌有可能造成损失，我们可以避免从这样的 4 张套中进行首攻，而改用下面的保护性首攻。

8.3 助攻与保护性首攻

如果首攻人自己没有合适的长套首攻，而从叫牌获知同伴有一门长套花色，可以进行**助攻**。

双张助攻，无论有没有顶张大牌，都是按照先大后小的次序出牌。如果有 3 张且有一张大牌，无论是 A × ×、K × ×、Q × × 还是 J × ×、10 × × 三张，都可以首攻最小牌进行助攻。

如果助攻的花色是 3 张且只有两张相连，例如 Q J ×、J 10 ×、10 9 × 等，首攻最大牌。

如果持有类似 9 7 3 这样的 3 张，则采用中大小打法：首攻中间张（这里为 7），表示没有大牌（同伴可能首先认为是双张），第二轮打最大牌（这里为 9），这样两轮打了以后，同伴知道你还有一张小牌在手从而决定其后的打法。

例 8-28

北家发牌，双方无局

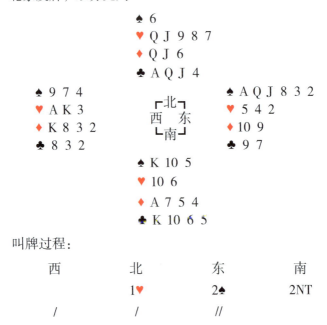

```
                    ♠ 6
                    ♥ Q J 9 8 7
                    ♦ Q J 6
                    ♣ A Q J 4
    ♠ 9 7 4                        ♠ A Q J 8 3 2
    ♥ A K 3          北            ♥ 5 4 2
    ♦ K 8 3 2     西    东         ♦ 10 9
    ♣ 8 3 2          南            ♣ 9 7
                    ♠ K 10 5
                    ♥ 10 6
                    ♦ A 7 5 4
                    ♣ K 10 6 5
```

叫牌过程：

西	北	东	南
	1♥	2♠	2NT
/	/	//	

南家做 2NT 定约，西家首攻 ♠7。东家手上没有进手张，不能立即上 ♠A 而出 ♠J。南家忍让出 ♠5，东家续出 ♠2，送给南家一墩，西家跟 ♠9，表示还有第 3 张小牌。定约人如果动 ♥，西家进手后第 3 张小 ♠ 送到东家，东家的 ♠ 长龙兑现后转打 ♦10，定约方只能得 6 墩牌。

如果南家第一轮上 ♠K。无论他是否立即兑现 4 墩 ♣，只要动红花色，西家进手后打出 ♠9，东家将清楚西家还有一张小 ♠，从而用 ♠A Q 打下南家的 ♠10 5，兑现全部的 ♠。

持有一张大牌的 4 张弱套，例如 Q 9 7 2，如果决定首攻这门花色，则按计数首攻首攻 7（长三）。

　　持有 4 张小牌（最大不超过 10），例如 9 7 3 2，首攻第 2 张 7，这既是助攻，同时也是**保护性首攻**（同伴可能并不是长套），表示本花色没有大牌，其他花色又不适合首攻。本花色第二轮时打出最小牌 2，表示原本是 4 张小牌（剩余张数信号）。

　　没有其他花色可以有力地进攻时，如果持有最大的两张相连的 4 张套，例如 J 10×× , 10 9×× 等，也可以首攻最大牌（不保证是三连张或前连张）。这也属于保护性首攻。

第9章
有将定约的首攻与信号

有将定约与无将定约的根本区别是将牌的作用。防守无将定约的主要手段是防守方建立长套花色赢墩和阻止定约方建立长套花色赢墩。在有将定约中，由于定约方的将牌一般都较多，防守方建立长套花色赢墩的机会是不多的。因而防守有将定约的主要手段是尽可能地取得大牌赢墩和将吃赢墩、阻止定约方建立副牌长套赢墩、削弱定约方的将牌力量等。这样，有将定约的首攻与无将定约就不尽相同。不过，我们最基本的姿态信号和张数信号还是完全一样的。

下面重点讨论有将定约连张大牌首攻与无将定约的不同之处。

9.1 有将定约连张大牌首攻

防守有将定约首攻大牌，其目的是为了取得一两个（个别情况下三个）大牌赢墩，而不像无将定约那样为了做出该花色的小牌赢墩。防守无将定约，从 A K × × × 或 K Q × × × 这样的套中攻小牌是很常见的；但防守有将定约，除非有特殊的目的，是不会从这样的套中首攻小牌的。一般情况下，首攻顶张大牌只表示有与此相连的下一张大牌，而不像无将定约那样必须是长套中的三连张或前连张。从 A K × × 套中首攻 A，从 K Q × ×、K Q J、K Q 10 连张中首攻 K 和从 Q J 10、Q J 9、Q J × ×…中首攻 Q 都是很常见的。

但是，持有 A K × 或 K Q × 这样的三张，对于低阶定约，除非叫牌表明同伴手中该花色较长，或急需兑现赢墩，一般不宜首攻大牌。这是因为，如果同伴该花色也较短，首攻大牌容易使定约方树立起该花色，从而垫掉其他花色的输张。

下面的讨论如不说明总认为首攻的花色是首攻人自己的长套。

9.1.1 首攻A

防守有将定约，首攻非将牌花色A的主要目的是为兑现该花色的大牌赢墩或形成防守方将吃。我们约定，下列情况可首攻A：

（1）持AK×××…以上首攻A，为兑现赢墩；

（2）持A××××…以上首攻A，为同伴创造可能的将吃机会。

但是，下列情况不宜盲目首攻A：

从较短的花色AK（×）或A××（×）等套中首攻A，往往会便宜地解放定约方的Q或K；A×双张而无将牌控制或无多余小将牌，在其他花色中又有一定的实力（同伴往往持弱牌），首攻A不仅将吃不成该花色，反而会使定约人很容易树立起该花色。

9.1.2 首攻A后第三家的信号

首攻人从自己的长套中首攻A，通常还有该花色的K。这时他最关心的是该花色的Q在谁手上，其次是同伴有该花色的几张牌。根据明手是否有该花色的Q，第三家打不同的信号。

9.1.2.1 明手无Q时第三家打姿态信号

西家首攻A，如果明手（北家）有该花色两张以上但没有Q，第三家（东家）应发姿态信号：有Q时打最小牌示强，无Q时打较大牌示弱。

例9-1

♦ J 6

┌北┐
西　东
└南┘

♦ A K 8 4 2 　　　　　　　　　　♦ Q 9 3

♦ 10 7 5

叫牌过程中西家叫过 ♦，最后南家做 4♠ 定约。西家首攻 ♦A，东家跟出最小牌 ♦3，表示持有 ♦Q。西家若想让东家进手，可于第二轮打小 ♦（详见例 6-8）。

例 9-2

♦ 9 6 5

┌北┐
西　东
└南┘

♦ A K 10 8 2 　　　　　　♦ Q 3

♦ J 7 4

西家首攻 ♦A。东家若急于想进手出牌，第一轮可跟 ♦3 表示有 ♦Q；如果只是为了取得该花色的 3 墩，东家第一轮应该跟 ♦Q。这张 ♦Q 表示不是单张就是双张。西家可以兑现 ♦A、K 后，出第三轮 ♦ 给东家将吃。但是，东家如果第一轮出 ♦3，西家第二轮出小牌，该花色就形成堵塞。

例 9-3

♦ 9 7 3

┌北┐
西　东
└南┘

♦ A K J 6 　　　　　　♦ 10 8 4

♦ Q 5 2

西家首攻 ♦A，东家第一轮跟 ♦8，准备打中大小信号。无论南家出 ♦5 还是出 ♦2，由于还有两张小 ♦ 未露面，西家当能理解东家的 ♦8 是示弱信号，♦Q 在南家手上。西家必将留下 ♦K J × 按兵不动等着东家其他花色进手后打回 ♦ 来活捉南家的 Q。

9.1.2.2 明手有 Q 时第三家打张数信号

西家从 A、K 领头的长套中首攻 A，如果该花色的 Q 在明手，东家应直接发张数信号，使西家立刻明白东家能否将吃该花色。发信号的方法仍然是双张跟较大牌，4 张跟第 2 张，3 张或 5 张跟最小牌等。

例 9-4

♥ Q 6 4

　　　　　┌北┐
首攻 ♥ A 　西　东
　　　　　└南┘

① ♥ 8 3

② ♥ 8 7 3

③ ♥ 8 5 3 2

防守 ♠ 为将牌的定约，西家首攻 ♥A。由于 ♥Q 在明手，东家持牌为①时，跟 ♥8 表示双张；持牌为②时跟 ♥3 表示 3 张；持牌为③时，跟 ♥5 表示 4 张。

9.1.2.3 其他首攻 A 的情况

一个防守人持有一个 A 领头的 5 张以上花色套。如果还持有将牌控制，首攻 A 就可能给同伴创造将吃该花色的机会。即使同伴不能将吃，定约方必然有一家该花色较短，防守方也不会蒙受多大损失。

首攻长套花色的 A 时，同伴如果看不到该花色的 K（既不在他手也不在明手），总是认为这个首攻出自 A K × × …而按前述方法打信号的。当然，如果该花色的 K 或 Q 在明手，都应直接发张数信号。

例 9-5

♦ Q 8 2

　　　　　　┌北┐
♦ A 10 7 6 3　西　东　　♦ 9 4
　　　　　　└南┘

♦ K J 5

防守有将定约，西家持有 A 领头的 5 张 ♦，同时还有双张将牌 K×，从而首攻 ♦A。东家当然认为 ♦K 也在西家手上，跟 ♦9 表示双张。西家可续打第二轮 ♦，并于将牌进手后打第三轮 ♦ 给东家将吃。

有些初学打桥牌的朋友在防守有将定约时特别喜欢从 A× 双张中首攻 A，希望能将吃第三轮。当同伴有该花色的 K 或将牌 A

时，立即尝到甜头。但很多情况下不仅将吃不成该花色，反而使定约人很容易树立起该花色，调完将牌后把其他花色的输张垫掉。

因而我们强调，从 A × 双张中首攻 A，一定要有将牌控制。这并不是说有将牌控制就一定能将吃，而是说只要防守方还有将牌在手，定约人就不能很好地利用已经树立起来的副牌花色套。这样首攻 A 即使造成损失，也还可立即换攻其他花色并待将牌进手后兑现已建立的边花赢墩。如果防守方没有将牌控制，从短套中首攻 A，帮助定约人树立起该花色造成的损失恐怕就难以弥补了。

首攻单张 A，一般也应该有将牌控制。没有将牌控制，不宜首攻单张 A。

9.1.3 首攻 K

防守有将定约，首攻非将牌花色的 K 与防守无将定约首攻 K 相似，所不同的是对无将定约一般不从 K Q × × 这样的结构中首攻 K，而防守有将定约则可以（不是一定）从 K Q × × 这样的 4 张套中首攻 K。当然，持 K Q J…、K Q 10…或 K Q × × ×…则肯定应该首攻 K 了。

注意，如果不是必须立即进攻这门花色的话，一般不宜从 K Q × 这样的 3 张或 K × 双张中首攻 K。

与防守无将定约相似，防守有将定约首攻 K 通常表示有该花色的 Q，还可能有 J 或 10，但没有 A。首攻 K 后第三家打信号的方法与无将定约完全相同：持有该花色的 A 或 J 时打最小牌示强，否则打较大牌示弱；当该花色的 A、J 全在明手时打张数信号；持 A × 双张通常应超打同伴的 K 再打回该花色等。但是持该花色的 J × 双张时第一轮一般没有必要像无将定约那样扔出 J "解封"。因为同伴手中不一定有该花色的 10。

9.1.4 高阶定约首攻 A 或 K 的特殊约定

以上讲的首攻 A 或 K 的防守信号，是对通常的四阶及以下定

约而言的，对于防守五阶及以上花色的定约，防守方只需要 2 或
3 墩即可击败定约。这时首攻人最关心的是能兑现几个大牌赢墩
或同伴是否能够将吃，而不太关心同伴是否持有 Q。因此，防守
信号也有所不同。

（1）防守 5 阶以上花色定约，从攻 A K 领头的花色中，首
攻 K，要求同伴给张数信号（不管是否有 Q），以便首攻人能够确
定同伴是否可以将吃。如果能将吃，立即可以取得 3 个防守赢墩。

（2）从有 A 而无 K 的长套中首攻 A，要求同伴给出是否有
K 的姿态信号。跟最小牌表示有 K，跟较大牌表示无 K。如果同
伴有 K，立即可以赢得 2 墩而击败小满贯定约。

这两个特殊约定，仅仅对五阶以上定约适用。四阶及以下的
定约，还是要按照 9.1.2 及 9.1.3 中约定的方式来打。

9.1.5 首攻 Q

防守有将定约，持 Q J 10…、Q J 9 …、Q J × × 首攻 Q，
与防守无将定约相似。首攻 Q 通常表示有该花色的 J，可能还有
10 或 9，但没有 A 和 K（从 A K Q 连张首攻 Q 除外）。

第三家打信号的方法与防守无将定约也完全相同：持有大牌
时或希望继续攻该花色时打最小牌示强，否则打较大牌示弱。

防守有将定约，持有一门花色的 A K Q…，虽然可以首攻 A，
但有时首攻 Q 更好。如果首攻 Q 后该花色的 J 在同伴手中或在明
手，或者同伴能看到该花色的 10 和 9 而见不到 A 和 K，就知道你
的首攻一定是出自 A K Q 强套而非出自 Q J 领头的套。特别是在
叫牌过程中你自己叫过一门花色而首攻这门花色的 Q，同伴多半
相信你是出自 A K Q 结构。一旦同伴明白了你的首攻是出自 A K
Q…，则其任务是简单地打出张数信号，使你知道能兑现该花色
几墩，然后再决定继续攻该花色还是趁出牌权在手转攻其他花色。

注意，持有 Q × 双张或 Q J × 三张一般是不宜首攻 Q 的
（同伴叫过该花色除外）。这是初学者常犯的错误之一。

9.1.6 首攻 J 或 10

防守有将定约首攻 J，通常是出自 J 10 9…、J 10 × ×…等套，首攻 10 通常是出自 10 9 ×…等套。这些首攻均是保护性首攻，其杀伤力是不强的。第三家如果有该花色的大牌或不希望转攻其他花色，第一轮跟最小牌示强；第三家如无该花色大牌或不希望继续打该花色，可打较大牌示弱。

持 10 × 双张也可以首攻 10，但是持 J × 双张一般是不首攻 J 的（同伴叫过该花色除外）。

9.2　短套首攻

首攻单张，无从选择，目的是希望同伴有 A 或将牌有控制时得到将吃的机会。

双张首攻，一律先大后小。

例 9-6

双方有局，南家发牌

♠ Q J 8 3　　
♥ 9 6 2　　
♦ Q 10　　
♣ A J 7 4

♠ K 9 7　　　　　　　　♠ 5 4
♥ 8 4　　　　　北　　　♥ A J 7 5 3
♦ J 8 3 2　　西　　东　♦ K 9 6 4
♣ Q 9 3 2　　　　南　　♣ 10 8

♠ A 10 6 2
♥ K Q 10
♦ A 7 5
♣ K 6 5

叫牌过程：

西	北	东	南
			1NT
/	2♣	/	2♠
/	4♠	/	/
//			

西家首攻 ♥8。东家不难判断出这应该是双张中的大牌。由于东家除了 ♥A 外没有其他快速进手张，从而出 ♥3（不出 A 或 J）忍让一轮。庄家赢进第一墩 ♥ 后出 ♣ 并用明手的 J 赢得，出 ♠Q 飞将牌，西家 ♠K 进手。

西家应该看到，东家第一轮的 ♥3 应该是最小牌。西家从东家没有遵循"第三家打大牌"的原则，应该读出东家第一轮是有意忍让，故而续打 ♥4。果然。东家有 ♥A，使西家获得一墩将吃。

9.3　进攻性小牌首攻

有将定约从 3 张以上长套中首攻小牌，其目的与无将定约不同，不是为了树立该花色将小牌发展成赢张，而是希望同伴有一两张大牌时取得本花色中应该属于防守方的大牌赢墩。

首攻小牌，应保证该花色至少有一张大牌，例如从 K × ×、Q × × 等 3 张套或一张大牌领头的 5 张套中首攻最小牌，从 K 10 × ×、Q 9 × × 等 4 张套中首攻第 3 张（长三或长五首攻）。

但是，防首有将定约，从 6 张套中首攻第五张（长 5），同伴可能不好分辨是 6 张还是 5 张（不便于推算庄家手中几张），因此在有将定约中，6 张套也改用"长三"首攻。这样，长三五首攻在有将定约中演变为：奇数张首攻最小牌，偶数张首攻第三张。这是对长三五首攻的一种改进（目前新睿桥牌中也采取这种约定）。

例 9-7

双方有局，南家发牌

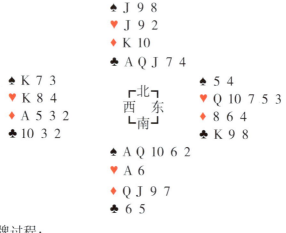

♠ J 9 8
♥ J 9 2
♦ K 10
♣ A Q J 7 4

♠ K 7 3
♥ K 8 4
♦ A 5 3 2
♣ 10 3 2

北
西　东
南

♠ 5 4
♥ Q 10 7 5 3
♦ 8 6 4
♣ K 9 8

♠ A Q 10 6 2
♥ A 6
♦ Q J 9 7
♣ 6 5

叫牌过程：

西	北	东	南
			1♠
/	2♣	/	2♦
/	4♠	/	/
//			

在这样的叫牌过程之后，西家从 ♥K 8 4 中首攻 ♥4，逼出南家的 ♥A 后，每门花色赢得一墩击败 4♥ 定约。这牌如果首攻其他花色，庄家将做好明手的 ♣ 垫掉 ♥ 输张。

防守有将定约，从有 K 或 Q 的花色中首攻小牌，属于进攻性首攻。

防守有将定约，一般不从 A 领头的花色中首攻小牌，如果必须首攻这门花色，则首攻 A。

9.4　消极首攻

与无将定约一样，如果没有其他花色适合首攻而必须从 3 张或 4 张小牌的花色中进行首攻，也采取消极的保护性首攻。3 张套采取中大小打法，首攻中间张；4 张小牌首攻第 2 张，两张中级牌相连时也可首攻最大牌（不保证是三连张或前连张）等。

如果没有合适花色首攻，还可以消极性地首攻将牌。

另外，如果叫牌表明，定约方将牌为 4-4 分布，双方各有一个短门，首攻将牌可以有效削弱定约方将吃的能力，特别是对需要交叉将吃来完成的定约，首攻将牌有时可能是最好的首攻。这种情况下，首攻将牌实际上属于进攻性首攻。

第 10 章
后续信号

首攻，仅仅是拉开了防守打牌的序幕，许多情况下首攻是在黑暗中摸索，可能未击中对方的要害。而当明手的牌摊出后，每位牌手都看到了 26 张牌，防守方在以后的打牌中可以结合明手的牌打出一个或一系列的后续信号，来更多地交换信息。从一定意义上讲，转攻新花色可以看成防守方发起的第二次进攻。这时有明手的牌可参考，其盲目性更小，目的性更强。因而防守方转攻的重要性绝不亚于首攻。

10.1 转攻信号

原则上，转攻信号与首攻是一致的：**转攻小牌表示有该花色的大牌**，并希望同伴进手后再打该花色；而**转攻较大的牌表示对该花色不感兴趣**，希望同伴进手后不要再打该花色。

10.1.1 首攻人的转攻信号
先看一个极为普通的牌例：
例 10–1
双方无局，南家发牌，叫牌过程：

西	北	东	南
			1NT
/	3NT	/	/
//			

♠ 7 5
♥ A K 4
♦ 6 4 2
♣ Q J 10 9 6

♠ Q 9 4 2　　　　北　　　♠ A J 6 3
♥ 9 2　　　　西　东　　♥ 10 8 7 5
♦ A 10 8 7 3　　　南　　♦ J 5
♣ K 2　　　　　　　　　♣ 7 5 4

♠ K 10 8
♥ Q J 6 3
♦ K Q 9
♣ A 8 3

　　叫牌信息很少，只知道北家可能没有 4 张高花。但西家的 4 张 ♠ 很弱，不能盲目首攻。西家正常首攻 ♦3，东家上 ♦J。南家用 ♦K（而不是用 ♦Q）赢进后出小 ♥ 到明手，并从明手出 ♣Q 飞牌。西家的 ♣K 进手后，转打**较大的** ♠9，表示对 ♠ 没有兴趣，希望东家进手后不要打回 ♠（自然是希望打回首攻的花色 ♦）。

　　果然，东家有 ♠A，赢进这一墩后打回 ♦5 击败定约。

　　现在我们把上一副牌中的几张略做调整，成为：

例 10-2

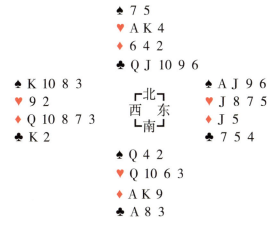

♠ 7 5
♥ A K 4
♦ 6 4 2
♣ Q J 10 9 6

♠ K 10 8 3　　　　北　　　♠ A J 9 6
♥ 9 2　　　　西　东　　♥ J 8 7 5
♦ Q 10 8 7 3　　南　　♦ J 5
♣ K 2　　　　　　　　　♣ 7 5 4

♠ Q 4 2
♥ Q 10 6 3
♦ A K 9
♣ A 8 3

南家做 3NT 定约，西家首攻 ♦3，南家用 ♦K 盖打东家的 ♦J 后

打 ♥ 进入明手飞 ♣，西家的 ♣K 赢进。这时西家从东家出的 ♦J 知道 ♦A 在南家手上，定约方已经有了 4 墩 ♣、2 墩 ♦ 和至少 2 墩 ♥，如果南家还有 ♠A，此定约不可击败。看来防守方唯一的机会在于连拿 4 墩 ♠。

西家从 ♠K 10 8 3 中转攻**最小的** ♠3，表示对 ♠ 花色有兴趣。这样防守方又拿到 4 墩 ♠ 击败定约。

如果从 ♠K 10 8 3 这样的套进行首攻，按计数首攻原理应该首攻"长三" ♠8，同伴一般会正确理解的。但转攻要注意，由于这张 ♠8 "太大"，容易使同伴误解为对 ♠ 没有兴趣。因此，转攻时姿态信号高于张数信号。

10.1.2 明手下家的转攻信号

例 10-3

东西有局，南家发牌，叫牌过程：

西	北	东	南
			1NT
/	3NT	/	/
//			

<pre>
              ♠ K 6 5
              ♥ K J 5
              ♦ 10 8 6
              ♣ K J 10 2
  ♠ 7 4   ♠ A Q 9 8 3
  ♥ 10 9 7 6   ┌北┐   ♥ A 8 3
  ♦ K 9 3   西 东   ♦ 7 4 2
  ♣ 8 7 6 4   └南┘   ♣ 9 3
              ♠ J 10 2
              ♥ Q 4 2
              ♦ A Q J 5
              ♣ A Q 5
</pre>

南家开叫 1NT，北家直接加叫到 3NT，使东家没有表示 ♠ 的机会。

在没有任何信息的情况下，西家"在黑暗中摸索着"首攻 ♥10，明手放小。东家知道 ♥ 花色没有任何前途。但是只要西家有低花的一个进手张和不少于两张 ♠，就一定能够击败定约。

因而东家立即用 ♥A 吃进并转攻 ♠3。这等于在向西家宣布：伙计，只要你能进手并打回第 2 张 ♠，我保证击败定约！

10.2 后续张数信号

在我们的信号体系中，尽管许多场合下防守人所打的第一张牌就带有张数方面的信息（如计数首攻，双张出"大牌"示弱等），但在另外一些情况下，第一张牌并不表示张数方面的任何信息，如连张大牌首攻或第三家义务性地出大牌等。在该花色的第二轮上，如果有机会的话，应该向同伴发出明确的**剩余张数信号**，即按照打出这张牌时手中所持有的牌张来发信号。

10.2.1 连张大牌首攻后的张数信号

无论是防守无将定约还是有将定约，首攻连张大牌的主要目的是为了兑现该花色的大牌赢墩。因此首攻人以后再打张数信号的意义是不大的。不过有时为了使同伴明确知道你该花色的准确张数（从而也知道定约人手中的张数），必要时可以发出剩余张数信号。

例 10-4

东家发牌，双方有局，叫牌过程：

西	北	东	南
		/	1♠
2♦	4♠	/	/
//			

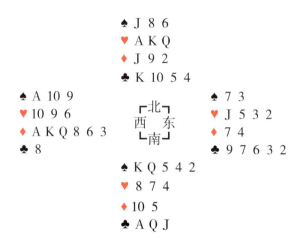

西家首攻 ♦Q（从 A K Q 中做的约定性首攻），手中剩下 ♦A K 8 6 3，其中 A 和 K 是等价的。然后第二轮在剩余的牌张中打"小牌"K，表示剩余奇数张（原先有 6 张，剩下 5 张）。如果打"大牌"A，则表示剩余偶数张（原先有 5 张，剩下 4 张），从而使同伴明白庄家手中的张数。

东家跟出 ♦7 4 以后，东、西两家都知道，定约人手中也没有 ♦ 了。

西家希望同伴能用大将牌将吃（从而为自己提升出一个将牌赢墩），再打小 ♦（而不是 ♦A）。东家心领神会，用 ♠7 将吃，为西家提升出一个将牌赢墩。

其他三连张攻牌后再打张数信号的方法与此类似。

10.2.2 姿态信号后的张数信号

10.2.2.1 示弱信号后的张数信号

同伴按连张攻牌约定首攻一门花色中的大牌，如从 K Q 10 × 中首攻 K，你手中没有大牌时第一轮总是出较大牌示弱的：持双张小牌总是出较大的牌，但如果持 3 或 4 张小牌则第一轮出牌就有所选择。

在 8.1.2 节中我们曾经讲过，持 9 7 3 这样的 3 张小牌第一轮可以出中间的一张 7，第二轮再出最大的 9，先出较大的中间一张牌是为了示弱，而第二轮出最大的牌无疑就是后续张数信号了。根本用不着再出第三轮，同伴一定知道你手中还有一张小牌。

这就是中大小信号在我们体系中的妙用！

在 8.1.2 节中我们同时也讲过，持有类似于 8 3 2 这样的 3 张小牌时第一轮一般不出 3（怕同伴误认为"示强"）而打最大的 8，第二轮出 3。这张 3 仍然是从 3 2 中发出的剩余张数信号。同样用不着打第三轮，两轮打过后同伴不见小 2 露面，肯定会考虑到在你手了。这是大中小信号，是对中大小信号的活用。

如果持有 8 6 3 2 这样的 4 张小牌，第一轮出较大的（第 2 张）6 示弱，第二轮出最小的 2 表示剩余 3 张。如果有必要的话，你那张 8 可以一直留到最后，说不定会成为一个宝贵的进手张。

10.2.2.2 示强信号后的张数信号

同伴首攻连张大牌，你第一轮若打的是小牌——发出示强信号表示有大牌，第二轮通常应该打出那张大牌，因此一般不打剩余张数信号。

只有在类似于下面的情况时可在第二轮打张数信号：

防守无将定约，西家首攻♦J，东家打♦3 表示有大牌。在打第二轮♦时，东家出最小牌♦4，表示这时手中剩余 3 张；西家则可以出♦10 9 连张中的"小牌"♦9，也表示这时手中是奇数张。这样打的目的主要是保持灵活的联通，以便防守方任何一家决定最后由谁进手出牌。

10.2.2.3 第三家打大牌后的张数信号

如果同伴首攻的是一张小牌，你义务性地出最大牌，那么在该花色的第二轮上，通常应该发出剩余张数信号。

10.3　花色选择信号

前面大部分章节都是围绕姿态信号和张数信号这两个基本信号展开讨论的。除了这两个基本信号外，常用的防守信号还有花色选择信号和将牌信号等，我们将陆续讨论。

花色选择信号（Suit Preference Signal）是指在特定场合下，打出一张较小的牌表示希望同伴出级别较低的花色；打出一张较大的牌表示希望同伴出级别较高的花色。

这里的"特定场合"是指，你出的这一张牌不是为了赢墩或防止定约方用小牌赢墩，也显然不是姿态信号或张数信号，而且这时正是你希望同伴选择出哪门花色的时候。

这里的"级别较低的花色"和"级别较高的花色"是除本门花色（有将定约中还要除去将牌花色）外其他两三门花色中相对意义下的高低，与"高级花色"和"低级花色"不同。在有将定约中除去发信号的花色和将牌花色外只剩两门花色，其相对级别高低是明确的；在无将定约中虽然除去发信号的花色外还有三门花色，但通常总是有一门花色可以明显被排除。

下面分别讨论各种情况下的花色选择信号。

10.3.1 显示进手张的花色选择信号

打无将定约时，对防守方首攻的长套花色，定约人通常总要尽量忍让以切断防守方的联通，而持树立好长套赢张的防守人则可以通过花色选择信号来表示其进张所在的花色。例如：

♥ 972

♥ Q J 10 3 　　┌北┐　　♥ K 6 4
　　　　　　西　东
　　　　　　└南┘

♥ A 8 5

　　防守 3NT 定约，西家首攻 ♥Q，东家跟 ♥4 示强，南家忍让；西家续出 ♥3，东家上 ♥K，南家再次忍让。当东家打第三轮 ♥ 逼出南家手中的 ♥A 时，东家非常清楚，西家手中剩下 ♥J 10 双张。对于本门花色来说，西家打 ♥J 和 ♥10 没有任何区别，而这时正是西家需要向东家表明在哪门花色上可以进手的时候。花色选择信号就是利用这种不表明本门花色情况的可选择性来表明其他花色的情况。第三轮西家若出较大的 ♥J 则表示其进手张在级别较高的花色中；西家若出较小的 ♥10 则表示其进手张在级别较低的花色中。

　　诚然，这里除 ♥ 外还有 ♠、♦ 和 ♣ 三门花色，西家表示的"级别较高的花色"可能是 ♠ 也可能是 ♦，"级别较低的花色"可能是 ♣ 也可能是 ♦。东家根据自己的牌和明手的牌不难判断西家所表示的是哪门花色。

例 10-5

北家发牌，双方无局

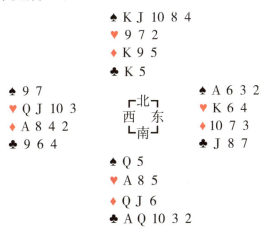

♠ K J 10 8 4
♥ 9 7 2
♦ K 9 5
♣ K 5

♠ 9 7
♥ Q J 10 3
♦ A 8 4 2
♣ 9 6 4

┌北┐
西　东
└南┘

♠ A 6 3 2
♥ K 6 4
♦ 10 7 3
♣ J 8 7

♠ Q 5
♥ A 8 5
♦ Q J 6
♣ A Q 10 3 2

叫牌过程：

西	北	东	南
/	/	/	1NT
/	2♥	/	2♠
/	3NT	/	/
//			

西家首攻♥Q，东家跟♥4示强，南家忍让；西家续打♥3，东家上♥K，南家再次让过。在第三轮♥上，西家应发出持有♦A进手张的信号，但应该打♥10表示级别较低的花色还是打♥J表示级别较高的花色呢？本例应该打♥J。这是因为定约人进手后，肯定做♠套。西家很快就能在东家进手之前排除♠上有进手张的可能性，应该打"大牌"♥J表示进手张在级别较高的♦上。这样东家的♠A一进手，回出♦即可击败定约。

例 10-6

西家发牌，南北有局

```
                    ♠ A Q 3
                    ♥ J 8 2
                    ♦ J 9 6 5
                    ♣ K Q 7
  ♠ 9 4 2                          ♠ J 10 8 7 6
  ♥ K 10 7 6 4      ┌─北─┐         ♥ A 3
  ♦ Q 4           西 │    │ 东       ♦ K 8
  ♣ 8 6 2          └─南─┘         ♣ J 10 5 3
                    ♠ K 5
                    ♥ Q 9 5
                    ♦ A 10 7 3 2
                    ♣ A 9 4
```

叫牌过程：

西	北	东	南
/	1♦	/	3NT
/	/	//	

西家首攻 ♥4，东家 ♥A 赢进后回 ♥3。无疑，东家仅有 ♥A 3 双张，西家缓拿第二轮无任何意义。但西家 ♥K 赢进第二墩后出什么呢？看来，转攻任何一门黑花色都没有希望。现在西家剩下的一线希望就是自己的 ♦Q 能进手。因此，西家用 ♥K 吃进第二轮，并在剩下的 ♥10 7 6 三张中打出中间张 ♥7 来，以表示自己在最高的 ♠ 和级别最低的 ♣ 上没有肯定的进手张。

从西家首攻的 ♥4，东家明白该花色是 5332 分布。东家注视着西家第 3 张牌号码的大小，这张牌通常应该是显示进手张所在花色的。这张 ♥7 不像西家手中剩下的最大牌，也不像是最小牌，也就是说，西家不大可能在级别最高的 ♠ 和级别最低的 ♣ 花色上有确定的进手张。难道，西家会有 ♦A 或 ♦Q？

从叫牌来看，西家持 ♦A 的可能性不大，如果西家持有 ♦Q，东家手中的 ♦K 不仅帮不上忙，还可能成为西家进手的绊脚石，必须立刻搬掉它！

就在第三轮 ♥ 上，东家意外地垫掉了 ♦K！使得只要定约人动 ♦，就不得不进入西家手。

本例中东家若舍不得抛去他的 ♦K，定约人可以采取规避打法，从明手出 ♦，东家若不上 ♦K，他就上 ♦A，东家若上 ♦K，他就放小，使西家的 Q × 进不了手。本例中东家的 ♦K 换成 ♦A，也应在第三轮 ♥ 上把它扔掉。

10.3.2 给同伴将吃时的花色选择信号

如果一个防守人打出一张牌给同伴将吃，则这时他所出牌张的相对大小可以表示希望同伴将吃后所打回花色的相对高低。由于将牌已被排除在外，花色选择信号所表示的花色是非常明确的。

例 10-7

$$♦ \ 10 \ 5 \ 2$$

```
                    北
♦ J 4          西    东          ♦ A K 9 8 6
                    南
```

$$♦ \ Q \ 7 \ 3$$

东家曾叫过 ♦，最后南家做 ♥ 定约。西家首攻 ♦J，东家用 ♦
A K 连取两墩，知道西家可以将吃第三轮。这时东家打手中最大
的 ♦9 是希望西家将吃后打回级别较高的 ♠；打手中最小的 ♦6 则是
希望西家将吃后打回级别较低的 ♣。如果东家并不想强调西家打
回哪门花色，那就出不大不小的 ♦8 好了。

例 10-8

西家发牌，双方有局，叫牌过程：

西	北	东	南
1♠	/	/	2♥
2♠	3♥	/	/
//			

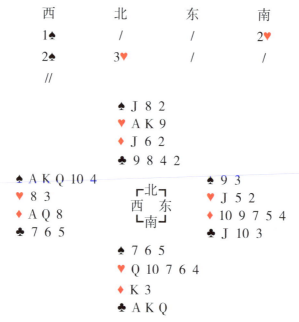

西家首攻 ♠Q，这显然出自 A K Q 连张。东家跟 ♠9 表示双张，
西家续攻 ♠A，表示现在手中的 ♠ 是双数张（虽然叫过两次 ♠，但
原本只有 5 张），当东家第二轮跟出 ♠3 后，防守方两家都清楚定
约人手中还有一个 ♠ 输张，西家第三轮可以兑现 ♠K，也可以打
♠10 或 ♠4 给东家将吃。

从西家的持牌来看，只要能让东家进手穿攻 ♦，就可以再取
得两墩 ♦ 击败定约。为防止东家进手后转攻 ♣，西家第三轮应打
出 ♠10。这是西家手中能打出的最大的非赢张，指示东家将吃进

手后打回剩余两套中级别较高的 ♦。

从东家的角度来看，西家不兑现 ♠K 而低出 ♠10 一定另有所图，显然是让东家将吃进手后转攻其他花色。东家到底应该转攻 ♦ 还是 ♣，可以从西家第三轮的 ♠10 上解读出来。

如果西家连续兑现 ♠ 的三个顶张大牌，东家可能不会将吃。即使东家将吃了第三轮 ♠，也不知道该转攻哪门花色。单从东、北两家的牌来看，东家自然应该转攻 ♣J。同样，西家如果兑现两个 ♠ 顶张大牌后随手打出 ♠4，东家将吃进手后也应该转攻 ♣J，到那时一切都晚了。

有时可能希望同伴将吃后清将，遗憾的是没有表示让同伴清将的信号，那就打一张不大不小的牌好了，同伴可能会领悟的。

10.4 否定垫牌法

善于打信号的牌手总会利用一切机会向同伴及时传达出手中持牌的一些信息。在某门花色已告缺，需要从其他花色中垫牌时，所垫的花色牌张的大小以及先后次序等有时也能表示出特定的信号。

使用"大欢迎"的多数牌手，在垫牌时也喜欢用垫掉某门花色的较大牌来表示该花色中有更大牌或希望同伴打回该花色。这是传统的"大欢迎"垫牌信号。如果垫掉一门花色的最小牌，就是对这门花色不感兴趣。目前新睿机器人就是使用这种"土豪垫牌法"。

在我们的防守信号体系中推荐使用**否定垫牌法：防守人通常先从他最不感兴趣的花色中垫牌。所垫牌张的大小可以用来表示感兴趣的花色。**这种垫牌信号也叫作**拉文萨尔垫牌法**（Lavinthal discards）。

使用否定垫牌法的最大好处是你在垫掉最不感兴趣的花色的同时，既肯定了在其他花色中有一定实力又保留了有实力花色的长度。这就避免了传统的垫大牌表示"欢迎"造成损失的可能性。

在使用否定垫牌法的同时，可以使用花色选择信号或张数信号：垫掉一门花色的一张较大的牌（通常是 7、8、9 一类的中级牌，偶尔也用次级大牌）表示在剩余的两门花色中级别较高的花色中有实力；垫掉一张最小的牌表示在剩余两门花色中级别较低的花色中有实力。

有时，需要垫牌的防守人持一手极弱的、几乎没有什么防守价值的牌（这一点同伴往往会知道而定约人并不知道），垫牌时可以不再使用花色选择信号而改打张数信号。这时所打的张数信号也是表示垫牌时手中剩余该花色的张数。

垫牌张数信号和花色选择信号容易混淆，同伴难以判断时总是首先理解成花色选择信号。

如果需要垫同伴首攻长套花色的牌，则总是打张数信号。

例 10-9

<pre>
                    ♠ 7 6

                  ┌北┐
     ♠ A J 9 5 3   西 东   ♠ 10 8 4 2
                  └南┘

                    ♠ K Q
</pre>

防守 3NT 定约，西家首攻♠3，东家出♠10，南家赢进后连续兑现其他花色的赢张。东家若有机会垫牌，就垫掉♠2，表示这时手中的♠是 3 张（原先有 4 张），使西家知道进手后可以用♠A 将南家的♠K 击落。

否定垫牌法结合花色选择信号，可以在否定一门花色的同时，显示出感兴趣的花色，这比传统的"从感兴趣的花色中垫大牌"要先进得多。

有时一个防守人需要从有多余实力的连张套中垫牌，那么可以不用否定垫牌法而是垫掉连张中的最大牌（通常是顶张大牌）。如一般情况下垫掉一张 A 肯定还有该花色的 K，甚至还有 Q；垫掉一张 K 通常还有该花色的 Q 和 J；垫掉一张 Q 则可能还有该花色的 J 10 × …等。

10.5　罗马垫牌法

与否定垫牌法相似的还有比较复杂的**罗马垫牌法**（奇偶垫牌信号），其基本内容为：

（1）**垫奇数号牌张**（3，5，7，9），肯定这门花色上有实力，希望打这门花色。

（2）**垫偶数号牌张**（2，4，6，8，10），否定这门花色，并且表示感兴趣的花色，垫大的偶数号牌张表示对剩余两门花色中较高的一门感兴趣；垫小的偶数号牌张表示对剩余两门花色中较低的一门花色感兴趣。

奇偶垫牌法具有信号明确和垫牌范围广的优点，为许多专家牌手所喜爱和推荐。

美国著名桥牌专家马迪·伯根在《牌型重于牌点》一书中，给出了如下牌例。

例 10–10

东家发牌，双方有局

```
              ♠ 4 3 2
              ♥ 8 4
              ♦ A J 9 8 6
              ♣ Q 4 3
♠ A K                        ♠ 6
♥ A 7 3 2      北            ♥ J 10 9 6 5
♦ 10 2      西    东         ♦ K Q 4 3
♣ J 7 6 5 2    南            ♣ 10 9 8
              ♠ Q J 10 9 8 7 5
              ♥ K Q
              ♦ 7 5
              ♣ A K
```

叫牌过程：

西	北	东	南
		/	1♠
/	2♠	/	4♠
/	/	//	

西家首攻连拔♠A K两张将牌。在第二墩将牌上，东家需要垫一张牌。使用传统信号，大概只能垫♥中的小牌♥5，表示不欢迎这门花色。西家转攻哪门低花只能靠猜测。

使用10.4节中介绍的"否定垫牌法"，可以垫掉♥J，这既是连张中的最大牌，又可以表示出对另外两门花色中级别较高的♦感兴趣，西家转攻♦10，明手上♦J，东家♦Q吃进，回出♥击败定约。

使用伯根推介的"奇偶垫牌法"，在第二墩将牌上，东家可以垫掉♦3，这是一张奇数牌，肯定该花色；也可以垫掉♥10（而不是♥J），这是一张大的偶数牌张，否定♥花色，同时也表示希望转攻另外两门中较高的花色♦。

奇偶垫牌法同样也可以用于无将定约。我们仍然引用伯根给出的牌例。

例10-11

北家发牌，双方有局

```
            ♠ 7 5 3
            ♥ K 3
            ♦ K J 10 8 7 3
            ♣ K 8

♠ Q J 10 9      ┌─北─┐      ♠ 8 4 2
♥ 6 5 2       西  东      ♥ 10 9 8 7
♦ A 6 5       └─南─┘      ♦ 4 2
♣ 9 7 3                   ♣ A Q J 10

            ♠ A K 6
            ♥ A Q J 4
            ♦ Q 9
            ♣ 6 5 4 2
```

叫牌过程：

西	北	东	南
	/	/	1NT
/	3NT	/	/
//			

西家首攻 ♠Q，东家跟 ♠8 示弱，庄家用 ♠K 赢进后连打两轮 ♦，西家忍让，东家先后跟出 ♦4 2 表示双张。在第三轮 ♦ 上，东家必须垫一张牌。

如果用传统垫牌法，这里只能垫掉一张 ♠，但西家不知道应该转攻 ♥ 还是 ♣。

使用否定垫牌法，东家可以垫 ♠2，不希望同伴继续打 ♠，同时也表示希望西家转攻较低的花色 ♣。

使用奇偶垫牌法，在第三墩 ♦ 上，东家也是垫掉 ♠2，这是一张偶数小牌，在否定 ♠ 的同时，表达了希望转攻 ♣ 的愿望。

否定垫牌法与奇偶垫牌法是两个并行的信号，它们互不兼容，各有千秋。虽然可能有个别牌例用某种方法可以很好地表达，用另一种方法可能会发生困难，但这两种信号不存在质的差别。搭档之间必须明确用其中一种方法。

10.6　跟牌张数信号

前面我们所讨论的信号，绝大多数都是在防守方主动进攻的花色上发出的。但事实上，无论打什么定约，防守方主动出牌的机会一般都没有定约方多。那么在定约人打他们一方的强长套花色时，防守方是否也可以发信号呢？完全可以！

无论防守有将定约还是无将定约，当定约人企图做好明手或暗手的一门长套花色时，如有必要，持弱牌的防守人可以简单地打出该花色的张数信号，以便使同伴知道何时应忍让、何时应赢进。

例如：

<pre>
                        ♦ K Q 10 9 3
                          ┌北┐
        ♦ 8 6 4   西   东   ♦ A 7 2
                          └南┘
                          ♦ J 5
</pre>

定约人从手中出 ♦J，显然是为了做好明手的 ♦ 套。在第一轮 ♦ 上，西家通常应该打出张数信号。本例跟出最小的 ♦4 表示持 3 张。无论定约人从明手出小牌还是用 ♦K 超打过去，东家都知道应该忍让一轮，而无须忍让第二轮。

例 10-12

南家发牌，双方无局，叫牌过程：

西	北	东	南
			2♣
/	2♦	/	2NT
/	3NT	/	/
//			

<pre>
                        ♠ 10 6 3
                        ♥ 8 6 3
                        ♦ K Q 10 9 3
                        ♣ 8 5
        ♠ J 9 2   ♠ Q 8 7 4
        ♥ J 10 9 7   ┌北┐   ♥ 4 2
        ♦ 8 6 4   西   东   ♦ A 7 2
        ♣ Q 10 2   └南┘   ♣ J 9 6 7
                        ♠ A K 5
                        ♥ A K Q 5
                        ♦ J 5
                        ♣ A K 4 3
</pre>

西家首攻 ♥J，南家赢进后从手中出 ♦J。这时，两个防守人都清楚地看到，除了 ♦ 本身以外，明手没有其他的进手张。在

第一墩 ♦ 上，西家的首要任务是打出 ♦4 作为 3 张的信号。当定约人再出第二墩 ♦ 时，东家立即扑上 ♦A，切断定约方的桥路。如果西家第一墩 ♦ 上出的是 ♦8 或 6，东家可能会认为南家有 3 张而忍让两轮。这样，定约人赢得 2 墩 ♦ 后就已经有 9 墩牌了。

应该强调指出的是，仅限于在类似上述牌例的情况下，在定约人所打的长套花色上，不持有大牌的防守人打张数信号，这样同伴手中若有该花色的大牌就知道了定约人有几张，从而决定是否忍让或忍让几轮，而定约人对防守方该花色的确切分布却不清楚。

千万不要养成在定约人所打的强花色上一律机械地打张数信号的习惯！因为在大多数情况下，防守人"准确的张数信号"不是使防守方受益而是受害。

例 10–13

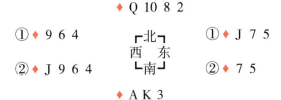

♦ Q 10 8 2
① ♦ 9 6 4   北   ① ♦ J 7 5
                西 东
② ♦ J 9 6 4   南   ② ♦ 7 5
♦ A K 3

这是无将定约或有将定约中的非将牌花色。定约人从手中连打 ♦A K，如果防守方两人都忠诚地打出张数信号，则在第三轮 ♦ 上定约人就不会打错牌。当该花色分布为①且东、西都发出 3 张信号后，南家可以硬敲 3 轮而把该花色做好；当该花色分布为②且东、西都按先大后小打出偶数张信号后，定约人就明白了该花色在防守方为 4–2 分布，这样只要西家跟出第三轮 ♦，则 ♦J 必在西家手中。

因此，在类似于上述情况下经常会有一个防守人打假信号，或者干脆两人都一直从小到大出牌。定约人也知道防守方这时不会打真实的张数信号，或至少有一人在打假信号，那就让他去猜测吧。

10.7　史密斯信号

　　前文已述，在定约人所打的花色上，防守方通常不应该简单地打真实的张数信号。那么防守方是否可以利用这一不必在本花色中打信号的机会而积极地打出对防守方有利的信号呢？

　　特别是在无将定约中，定约人赢进首攻以后，一般都开始做自己一方的长套花色。在定约人所打的第一门花色上，当没有打张数信号的必要时，防守方某一人或两人都可以通过跟出牌张的大小，来表示对首攻花色的姿态。

　　防守 3NT 定约，西家首攻♠3，东家上♠J，南家用♠K（而不是②中用♠Q）赢进。对于西家来说，♠Q 在谁手至关重要。

♠ 9 2

　♠ A 10 6 4 3　　┌北┐　　① ♠ Q J 5
　　　　　　　　西　东
　　　　　　　　└南┘　　② ♠ J 8 5

① ♠ K 8 7

② ♠ K Q 7

　　如果这门花色的分布为①，西家以后进手只要再打这门花色的小牌（或者出 A 要求东家解封 Q），就可以通吃这门花色；如果这门花色的分布为②，则需要东家在其他花色上进手以后打回首攻的花色才能击败定约。

　　东家如何表示持牌为①，希望西家以后继续打♠，或者持牌为②，表示希望西家转打其他花色呢？

　　史密斯信号：防守无将定约，在庄家最先打的花色上，一个防守人第一轮出最小的牌，表示希望同伴以后继续打首攻的花色；出较大的牌，则希望同伴进手后转攻其他花色[注]。

　　注：在传统"大欢迎"信号体系中，史密斯信号也是在定约人最先打的花色上，出"大牌"表示欢迎同伴继续打首攻花色。本体系中，我们结合反式信号，使用"反式史密斯"：在定约人最先打的花色上，第一轮跟最小牌表示希望同伴继续打首攻花色，跟较大牌表示希望打其他花色。

例 10-14

南家发牌，双方有局

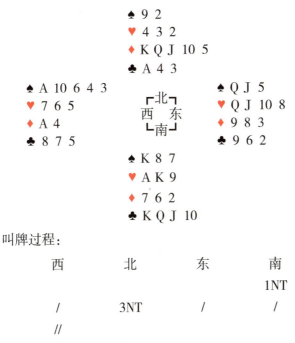

```
              ♠ 9 2
              ♥ 4 3 2
              ♦ K Q J 10 5
              ♣ A 4 3
♠ A 10 6 4 3                    ♠ Q J 5
♥ 7 6 5          北             ♥ Q J 10 8
♦ A 4        西     东          ♦ 9 8 3
♣ 8 7 5          南             ♣ 9 6 2
              ♠ K 8 7
              ♥ A K 9
              ♦ 7 6 2
              ♣ K Q J 10
```

叫牌过程：

西	北	东	南
			1NT
/	3NT	/	/
//			

西家首攻长五 ♠3，东家上 ♠J，南家 ♠K 赢进后出 ♦，西家忍让。在两轮 ♦ 上，东家按照史密斯信号，先后打出最小的 ♦3 再跟 ♦9，表示希望西家进手后继续进攻 ♠ 花色。西家 ♦A 赢进第二轮 ♦，续打小 ♠，立即击败定约。

例 10-15

南家发牌，双方有局

```
                    ♠ 9 2
                    ♥ 4 3 2
                    ♦ K Q J 10 5
                    ♣ A 4 3
  ♠ A 10 6 4 3      ┌北┐        ♠ J 8 5
  ♥ 7 6 5        西     东        ♥ A J 9
  ♦ A 4            └南┘          ♦ 9 8 3
  ♣ 8 7 5                       ♣ 10 9 6 2
                    ♠ K Q 7
                    ♥ K Q 10 8
                    ♦ 7 6 2
                    ♣ K Q J
```

叫牌过程：

西	北	东	南
			1NT
/	3NT	/	/
//			

西家首攻长五♠3，东家上♠J，南家♠K赢进后出♦，西家忍让。

这次，东家不持有♠Q，但有进手张♥A，可以进手后对庄家的♠花色进行穿攻。故在第一轮♦上，打出最大的出♦9，表示希望西家进手后转打其他花色。

西家第二轮♦A进手后，转攻出其他花色的"大牌"♥7（或♣8），希望东家进手后打回首攻的花色♠。东家的♥A早晚要进手，打回♠，将南家的♠Q活捉。

防守方两人都可以使用史密斯信号。

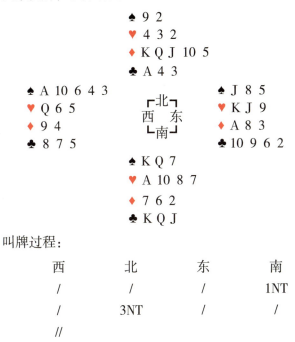

例 10-16

西家发牌，双方有局

北
西　东
南

叫牌过程：

西	北	东	南
/	/	/	1NT
/	3NT	/	/
//			

西家首攻 ♠3，东家上 ♠J，南家 ♠K 赢进后出 ◆。西家出最小的 ◆4，这等于告诉东家：希望你进手后打回首攻的花色 ♠。

例 10-17

北
西　东
南

叫牌过程及首攻同例 10-16，东家仍然出 ♠J，南家赢进后做
♦ 套。这次西家清楚地知道，南家持有 ♠A K，防守方做好并兑现
♠ 小牌赢墩的可能性不大，兴许击败定约的希望在 ♥ 花色上。因
此在庄家打的第一轮 ♦ 上，西家跟出最大的 ♦9，表示对首攻花色
不感兴趣。东家转攻 ♥J 击败定约。

需要注意的是，史密斯信号与张数信号互不兼容。当需要
优先表示张数时，史密斯信号必须让位于张数信号（参见例
10-12）。

10.8 将牌信号

当一个防守人持有将牌 10 ×、9 × 或 8 × 等双张时，通常不
应该在第一轮就把较大的将牌扔掉，留着那张大将牌可能会有些
用处。因而表示将牌张数时不能像副牌花色那样用先大后小表示
双张，但持有诸如 9 8 3 等 3 张将牌时第一轮出中间一张将牌通
常是不会造成损失的。因而，如果需要表示将牌张数时，先小后
大表示持双张将牌；先大（中间张）后小表示至少 3 张将牌。这
便是我们的**将牌信号**（Trump Signal）。持有 3 张将牌时并不总先
出中间张，通常只有在目的明确时才使用将牌信号。

将牌信号主要用于希望将吃或有将吃的可能时。

例 10-18

东家发牌，东西有局，叫牌过程：

西	北	东	南
		1♠	/
/	×	2♣	3♥
/	4♥	/	/
//			

```
              ♠ K Q 9
              ♥ K 6 4 3
              ♦ K J 10 4
              ♣ A 9
   ♠ 3                         ♠ A 10 6 5 4
   ♥ 7 5 2        北           ♥ A 8
   ♦ 6 5 3 2   西    东        ♦ 9 7
   ♣ J 8 7 6 2    南           ♣ K Q 10 3
              ♠ J 8 7 2
              ♥ Q J 10 9
              ♦ A Q 8
              ♣ 5 4
```

西家首攻单张♠3，东家以♠A吃进后打最小的♠4给西家将吃。这张♠4是花色选择信号，指示西家将吃后回♣。西家则用♥5将吃，然后打出♣2。定约人立即用明手的♣A吃进并出小♥清将，东家立即上♥A，西家跟出♥2，完成将牌信号。尽管南家的3♥是跳叫出来的，但西家在将牌上已打出还有一张将牌的信号，东家再打♠5给西家将吃，西家回出♣，将定约击败2墩。

例 10-19

北家发牌，双方无局，叫牌过程：

西	北	东	南
	1NT	2♠	×
/	3♥	/	4♥
/	/	//	

牌谱同例 10-18。东家首攻♣K，北家♣A赢进后立即从手中出♥4清将。由于北家开叫过1NT，明手南家又有4张♠，东家可以猜测同伴的♠可能是单张甚至缺门。东家立即上♥A，在第一轮将牌上，西家跟出"大牌"♥7！这是强烈希望将吃的信号。东家立即拔掉♠A，再打♠4给西家将吃，西家回♣并再次获得将吃。

在有将定约中，如果一个防守人将牌告缺，必须要垫掉一张牌，就可以利用这个垫牌的时机打出信号，表示防守实力所在的花色。

传统的"土豪垫牌法"，是垫掉一张某花色较大的牌，表示这门花色有更大的牌，表示对这门花色的"欢迎"。

拉文萨尔垫牌法是从最不感兴趣的花色中垫牌，并打出花色选择信号，或者在同伴知道你的牌非常弱不可能有大牌时，打出张数信号。

使用罗马垫牌法的搭档，在将牌告缺时也可以打出奇偶信号。垫掉一门花色的奇数号码的牌张，表示对这门花色感兴趣；垫掉一门花色的偶数号码的牌张，表示对这门花色不感兴趣，并同时根据号码的大小表示感兴趣的花色级别。

附录
新睿桥牌机器人的信号规则

北京新睿桥科技有限公司开发的桥牌机器人，已经具备一定的使用防守信号的能力。为便于对照学习和在新睿桥牌与机器人合作打牌时正确使用信号，我们将新睿机器人目前使用的防守信号列入本附录。

一、姿态信号

新睿桥牌机器人使用传统的"大欢迎"作为姿态信号，主要用于如下场合：

1. 无论有将定约还是无将定约，同伴领出顶张大牌，跟较大的牌表示有更大的牌，欢迎继续打该花色，无论有将定约、无将定约均相同。但有将定约双张小牌也先大后小表示欢迎，希望将吃第三轮；而无将定约无论几张小牌总是先出最小牌，表示"不欢迎"。

2. 垫牌时垫掉某一花色的较大牌，表示这门花色有更多更大的牌，希望同伴转攻这门花色。无论有将定约还是无将定约，均采取这种"土豪垫牌法"。如果垫掉一个顶张大牌，一般表示有与此相连的下一张大牌。

3. 在同伴领出的花色上跟出最小牌，通常是表示没有大牌的"不欢迎"，并不表示张数方面的信息。垫牌时也是一样，垫掉一门花色的最小牌，只是表示对这门花色不感兴趣，不代表张数方面的信息。

二、张数信号

新睿桥牌机器人曾经有一段时间，防守时在定约人打出的花色上机械地打张数信号，这种"信号"对机器人的防守基本上没有多大的作用，但往往被庄家所利用。现在机器人已经不再打这种"张数信号"，而变成了随机出牌。机器人只有在引牌时，才使用与张数有关的信号规则。

1. 无将定约

防守无将定约，无论是 4 张、5 张还是 6 张以上，当没有大牌连张适合首攻时，机器人一律首攻"长四"。这是防守无将定约的传统首攻方式，只是代表 4 张以上套，并不表示具体张数。

2. 有将定约

防守有将定约，没有连张大牌适合首攻时，机器人使用"长三五首攻"：有大牌的 3 张或 4 张套首攻第 3 张，5 张套首攻最小牌，6 张首攻第 3 张，7 张首攻最小牌。这与我们有将定约的计数首攻是一致的，只是机器人的计数首攻只用在有将定约上，而无将定约一律首攻长四。

3. 中大小信号

无论有将定约还是无将定约，没有大牌的 3 张套，首攻第 2 张，并且按中大小的次序来打，这与我们的"中大小"信号也是一致的。

4. 双张信号

双张总是先大后小，这与我们的信号也一致。只有双张 A、K 时，才反常地先出 K 后出 A。

三、有将定约引牌规则

1. 张数信号

双张攻大牌；3 张小牌攻中间张（中大小）；3 张有 2 张大牌

相连攻最大牌，只有 1 张大牌攻最小牌；4 张以上偶数张攻长三，奇数张攻最小牌。

2. 大牌连张信号

防守有将定约，如果决定首攻一门花色，则首攻红色的牌张（其中 × 为 9 以下小牌，X 为比列出的大牌较小的任意牌张）。

双张：A K、A X、K X、Q X、J X、10 ×、9 ×、× ×

3 张：A K X、A Q X、A J X、A 10 ×、A 9 ×、A × ×、K Q X、K J 10、K J ×、K 10 9、K 10 ×、K 9 8、K 9 ×、K × ×

Q J X、Q 10 9、Q 10 × Q 9 8、Q 9 ×、Q × ×、J 10 X、J 9 8、J 9 ×、J × ×、10 9 ×、10 × ×、9 × ×、× × ×

4 张：A K X X、A Q X X、A J X X、A 10 × ×、A 9 × ×、K Q X X、K J 10 ×、K J 9 ×、K 10 9 ×、K 10 ×、K 9 8 ×、K 9 × ×、K × ×

Q J X X、Q 10 9 ×、Q 10 × ×、Q 9 8 ×、Q 9 × ×、Q × × ×、J 10 × ×、J 9 8 ×、J 9 × ×、J × × ×、10 9 × ×、10 × × ×、9 × × ×、× × × ×

概括来讲就是：有将定约连张人牌攻最大牌，二连张、前连张（外连张）甚至二连张都首攻最大牌（A、K 双张例外）。

内连张（后连张）使用 01 首攻。首攻一张大牌（10 以上），表示两张相连大牌中的最大牌或后连张（内连张）中的第二张人牌。9 8 上面还有一张 J 以上的牌攻 9，9 8 × 三张攻 8，第二轮出 9（中大小）。孤张大牌或两张大牌不相连时，三张攻最小，四张攻长三（包括四张小牌）。四张以上套只有连张、内连张按照上述约定处理，其他按张数信号规则处理（长三长五首攻）。

3. 其他约定

5 阶以上有将定约，攻 K 要求同伴给张数信号；攻 A 要求同伴给态度信号（是否有 K）。

无论几阶定约，只有 A、K 双张时总是首攻 K。

后续领出：该花色没有出过时原则上参考第一轮首攻的规则，但不同的是：A K × 以上出 K；A K 双张出 A。

出过的花色，当该花色剩余长度 3 张以上且为非大牌连张时，总是攻长三，例如：Q 9 8、9 8 7、9 7 6 2 等。

有大牌的实际连张按照外连张或内连张约定攻牌。

四、无将定约引牌规则

1. 张数信号

双张攻大牌；3 张小牌攻中间张（中大小）；3 张有 2 张大牌相连攻最大牌，只有 1 张大牌攻最小牌；4 张以上一律攻长四。

2. 大牌连张信号

防守无将定约，如果决定首攻一门花色，则首攻红色的牌张（其中 × 为 9 以下小牌，X 为比列出的大牌较小的牌张）。

双张：A K、A X、K X、Q X、J X、10 ×、9 ×、× ×

3 张：A K X、A Q X、A J 10、A J 9、A J X、A 10 9、
A 10 X、A 9 ×、A × ×
K Q X、K J 10、K J X、K 10 9、K 10 ×、K 9 8、
K 9 ×、K × ×、Q J X、Q 10 9、Q 10 ×、Q 9 8、
Q 9 ×、Q × ×、J 10 ×、J 9 8、J 9 ×、J × ×
10 9 ×、10 × ×、9 × ×、× × ×

4 张：A K X X、A Q J X、A Q 10 X、A Q 9 ×、A J 10 ×、
A J 9 ×、A J × ×、A 10 9 ×、A 9 × ×、A × × ×
K Q J X、K Q 10 X、K Q 9 ×、K Q 8 7、K Q × ×、
K J 10 X、K J 9 ×、K J × ×、K 10 9 ×、K 10 × ×、
K 9 8 ×、K 9 × ×、K × × ×
Q J 10 X、Q J 9 ×、Q J × ×、Q 10 9 ×、Q 10 × ×、
Q 9 8 ×、Q 9 × ×、Q × × ×、J 10 9 ×、J 10 8 ×、
J 10 × ×、J 9 8 ×、J 9 × ×、J × × ×、10 9 8 ×、
10 9 7 ×、10 9 × ×、10 × × ×、9 × × ×、× × × ×

概括来讲就是：无将定约三连张或外连张（前连张）首攻最大牌，内连张（后连张）使用01首攻。四张以上套只有三连张、外连张、内连张按照上述约定处理，其他一律首攻长四而不管张数。

3. 其他约定

5阶以上无将定约攻A或K均要求同伴给态度信号。

后续领出：该花色没有出过时原则上参考第一轮首攻的规则，但不同的是：A K × 以上出 K；A K 双张出 A。

出过的花色，当剩余长度三张以上有大牌按实际连张类型攻牌。非连张总是攻长三（没有中大小），例如：Q 9 8、9 8 7、9 7 6 2、5 4 3 2等。

有大牌的实际连张按照外连张或内连张约定攻牌。

新睿桥牌机器人的信号可以简单概括为：无将长四，有将长三五，连张01，大欢迎。

目前，新睿桥牌机器人在引牌（包括首攻和后续）时，基本上都按本信号规则出牌。但在跟牌或垫牌时，除了"大欢迎"外，没有其他的信号。